PALABRAS DESDE EL OTRO LADO DE LA MUERTE

PALABRAS DESDE EL OTRO LADO DE LA MUERTE

ARIEL
DORFMAN

Arte Público Press
Houston, Texas

Palabras desde el otro lado de la muerte ha sido subvencionada en parte por el National Endowment for the Arts. Les agradecemos su apoyo.

Recuperando el pasado, creando el futuro

Arte Público Press
University of Houston
4902 Gulf Fwy, Bldg 19, Rm 100
Houston, Texas 77204-2004

Diseño de la portada por Mora Des¡gn

Arte de la portada es una colección de Hamamatsu Municipal Museum of Art
Arte de la portada por Hiroshi Nakamura, "Omens of a Place," 1961

Los datos de catalogación de la Biblioteca del Congreso están disponibles.

♾ El papel utilizado en esta publicación cumple con los requisitos del American National Standard for Permanence of Paper for Printed Library Materials Z39.48-1984.

22 23 24 4 3 2 1

Estos poemas son para Angélica, que me habla día tras día desde la vida, y para mi mamá y mi papá, quienes, desde más allá de la muerte, me hablan por otros medios. Con gratitud hacia ellos por darme un nacimiento incesante y el consuelo de la poesía.

ÍNDICE

Prólogo

Recordando mi oración frente a la estatua de Notre Dame de la consolation en la Église de St. Germain-des-Prés

¿Le cambiaste los pañales, Mi Dama, Madona?

¿De dónde sacaste la tela, los tiernos residuos de tu propia falda, rasgaste la capa de tu esposo para que el niño no llorara por la inflamación?

¿Vas al arroyo al amanecer en busca de agua para lavarlo y lucir su piel?

¿Te estremeciste cuando ese primer diente emergió de la suculenta oscuridad de su boca?

¿Le enseñaste acerca del fuego y cuándo evitarlo y cuándo usarlo bien? ¿Y los clavos? ¿Le dijiste que evitara los clavos que dormían en el taller de tu esposo, los clavos que podrían lastimar sus dedos, los clavos que, con un martillo, pueden perforar la palma de una mano?

¿Sabías que nada podría protegerlo? Los otros chicos, los otros muchachos, en la calle y en la escuela, ¿sabías que una vez que estuviera fuera de tu vista, el mundo sería cruel con él, como es cruel con los que carecen de amparo? ¿Sabías que el tiempo y las inflamaciones no se pueden detener, que el fuego y los clavos no se pueden detener, que no habría retazos de tela al final, cuando la sangre finalmente fluya, ni agua del arroyo, ni tregua ni medicina que detenga la marea?

No creo en Dios, Madona mía.

Y, sin embargo, a quién puedo recurrir, dónde debo buscar consuelo en esta época que hace cada vez más difícil el nacimiento para todos, precipitándonos hacia el apocalipsis que el niño había venido a evitar, donde mujeres como tú mueren en las calles, bajo las bombas, dentro de la ignorancia, y los niños y las niñas son abandonados para que enfrenten sin refugio el fuego y el martillo y la mano que sólo sabe clavar, y la pestilencia arrecia como una predicción de muros y de aquello que viene en busca de todos y cada uno de nosotros.

No creo en Dios, Madona mía.

Pero mi madre está muerta y no puede protegerme.

Ella hizo lo que tú hiciste por él, por tu hijo, y fue inútil, sólo está la oscuridad por delante.

Y todo lo que me es posible hacer, tantos siglos más tarde, es orar para que la luz que he inventado, las palabras que son la bendición y herencia de todos, endulce la muerte que se acerca rápidamente para mí y para todas las madres del mundo.

uno

ALGÚN ENCUENTRO HABÍA

". . . diciéndose que al fin y al cabo algún encuentro había, aunque no pudiera durar más que este instante terriblemente dulce . . ."

Julio Cortázar, *Rayuela*

Pablo Picasso tiene palabras para Colin Powell desde el otro lado de la muerte

Sí, aún acá, acá más que nunca
más que antes
sabemos y miramos lo que pasa
lo que Ustedes están haciendo
con el mundo que les dejamos.

¿Qué otra cosa hacer con nuestro tiempo?

Sí, allá estaba, Colin Powell,
allá se encontraba Usted
parado frente a mi Guernica
una réplica es cierto
y sin embargo mi visión
de aquello que cayó
sobre los hombres y sobre las mujeres
y sobre los niños los niños
más que nada sobre ese niño
en Guernica ese día en 1937
desde el cielo.

Claro que Guernica ya no estaba.
La habían cubierto, nuestra Guernica,
cubierta para que Usted pudiera hablar.
Allá en el edificio de la ONU en Nueva York.
Para que pudiera hablar sobre Irak.

Para que Guernica no le molestara.

¿Por qué habría de molestarle perturbarle?
¿Por qué no exigió que la cubierta
se removiera?

¿Y la pintura
se revelara?
¿Por qué no señaló hacia el caballo
que gritaba y moría
que moría y moría una y otra vez
la mujer con el niño para siempre
muerto
en sus brazos
el niño al que amparo ahora y acá
en esta oscuridad
el niño que mira conmigo
mientras Usted, Colin Powell,
habla
y habla
y no deja de hablar.

¿Por qué no dijo, Colin Powell,
este horror lo hizo aquel tirano?
¿Por qué no dijo
esto ya se hizo y deshizo en Irak?
¿Por qué no dijo esto es lo que ese
hombre quiere hacer con el
mundo?
¿Por qué no quiso usar Guernica
para probar
lo que Usted tenía que probar?

¿Tuviste miedo de la madre?
Tuviste miedo de la imagen de la
madre
miedo de la imagen que saltaría
desde el cuadro
desde la imagen aullando la
madre

son ellos que van a bombardear
desde lejos
son ellos que han de matar
al niño
no no no
él es el que mata ellos ellos
desde la distancia de las bombas
y nosotros lejos de los ojos
y siempre cerca de la muerte
nosotros encerrados en la muerte
Tuviste miedo de aquello
que el caballo
mostraría al mundo en el futuro
que se aproxima
tres mil misiles cruise durante la
primera hora
cayendo sobre Bagdad
diez mil Guernicas
cayendo sobre Bagdad
desde el cielo
de la primera hora

Tuviste miedo de mi arte
lo que sigue denunciando
más que sesenticinco años más
tarde
la historia que se sigue contando
la mirada mía que sigue peligrosa
esa luz colgante
como el ojo de un muerto
mi ojo que te mira desde la muerte

ten cuidado cuídate

cuídate del ojo del niño
en lo oscuro

te has de juntar con nosotros
con el niño y conmigo
con el caballo y la madre
acá al otro lado

te nos has de juntar luego luego
en un viaje que todos hacemos
todos
Colin
Colin Powell

¿Es por eso que me tuviste
miedo?
te has de juntar
y entonces una eternidad
mirando
mirando
nada más que mirando
junto a nosotros
y a los muertos lejanos
no sólo los de Irak
no sólo esos muertos

¿Fue por eso que tanto miedo
tuviste de aquel ojo en lo oscuro?

mirando
tus propios ojos abiertos a la
fuerza
teniendo que mirar
el mundo que dejaste

no hay otra cosa que hacer
con nuestro tiempo

condenado a mirar una
y otra vez
a nuestro lado

hasta que no queden más
Guernicas
hasta que los que viven entiendan

y sólo entonces, Colin Powell,
sólo entonces

un mundo sin Guernicas

y entonces
sólo entonces sí
tú y yo
sí entonces sí
podremos descansar
tú y yo
tú y yo y el niño que murió

Cristobal Colón tiene palabras desde el otro lado de la muerte para el capitán John Whyte, que cambió el nombre del Aeropuerto Internacional Saddam cuando sus tropas se apoderaron de ese lugar

Algo sé de nombres, Capitán.

Los conquistadores deben siempre tener un nombre a mano.
Antes aún de la espada, antes de las armas de fuego.

Vi aquella isla y la nombré San Salvador.
San Salvador porque fue nuestra salvación.

No le pregunté a los nativos
        amables eran, casi desnudos, morenos bajo el sol
        tropical
no les pregunté cómo llamaban ellos ese lugar
no les pregunté cómo llamaban ellos su morada

Y no les conté que todos iban a morir
y no les conté que jamás nadie sabrá
lo que hablaban
cómo hablaban
que sus palabras serían devoradas
            como botes en una tempestad
            en medio de la mar triste
como cuerpos en una mina en el desierto

Ahora ellos me enseñan sus palabras y sus canciones
acá en esta oscuridad que dura y perdura
estudio los modos en que nombraban
la luna y el amor y los adioses
escucho sus susurros del Caribe

y tartamudeo sílabas y muevo los labios y suavizo
el aire
        con el lenguaje que nadie ha murmurado
en esa isla en más de quinientos años

Ésta es mi penitencia

Y luego vendrá quechua y luego el idioma maya y luego el tzotzil
y luego las mil y diez lenguas que vivieron alguna vez
en las tierras que no se llamarían con mi nombre
en las tierras que se llamarían con ese otro nombre
Amerigo América
y luego ha de seguir el aprendizaje
navajo y guaraní y nahuatli
y los sonidos que antaño llenaron los oídos
de doncellas feroces
para que la tierra diera su fruto
y hoy no hay quién conozca su nombre
aprendiendo aprendiendo
hasta que me hayan enseñado a pronunciar hasta la última palabra
cómo se dice amigo
cómo se dice muerte
cómo se dice eterno

cómo se dice penitencia

me van a enseñar cómo se dice penitencia
en sus mil y diez lenguas

¿y la suya, Capitán,
        su penitencia?
        ¿aquello que lo espera?

Dijeron que traían la libertad.
Libertad: cuando un hombre decide por sí mismo.

Dijeron que traían la democracia.
Democracia: cuando una mujer controla su destino.

Dijeron que traían la liberación.
Liberación: cuando aquellos que hicieron el mundo
pueden nombrarlo.

Libertad. Democracia. Liberación.
Palabras.
Las palabras suyas, las palabras de los hombres
que lo mandaron.

Y apenas pudo le puso al aeropuerto otro nombre
Es nuestro. Lo tomamos a sangre y fuego. Henos aquí.
Matamos a los hombres que lo llamaban de otra manera.
Lo podemos llamar lo que nos dé la gana.
Bajo un cielo ardiendo de bombas.
El aeropuerto se llama Bagdad ahora. Y ya no Saddam.

El Aeropuerto Saddam.
No es un nombre que me place, que nos place, acá,
de este otro lado.
un nombre que maldicen en los sótanos
donde fracturan los dedos
donde desangran los ojos
donde arrancan de raíz los dientes

arrancan de raíz

las raíces de ese nombre Saddam
el que da golpes decisivos

el que resiste
el que castiga
el que prohíbe
el
todo todo todo eso aullando dentro de ese nombre

pero no te tocaba a ti, Capitán,
hacer el cambio
no te tocaba a ti decidir

¿tu penitencia?

acá te esperan, John Whyte,
acá en la gloriosa polvareda de las palabras
que alguna vez inscribieron en el papiro papel piedra
acá en la oscura luz de la muerte

te esperan te esperan
los poetas de Irak

Abu Nuwas y Sa'di
Mutanabbi y Omar Khayyam
esperando como las alfombras en que solían sentarse
esperando como las fuentes de las que solían beber

todas las palabras que no se te ocurrió usar
capitán John Whyte
todos los nombre que no conoces
ni tu propio nombre Whyte
white blanco barakah
barakah que se asocia con barak bendición

tendrás que aprender a pronunciar
pronunciar como yo he tenido que ir pronunciando
palabra tras palabra

el arábigo que no se te ocurrió aprender
como el náhuatl que yo no conocí
como el cherokee que nunca conocí

tendrás que aprender

comenzando con las cien palabras
que surgen desde Alá como agua

Rahmán El Compasivo
Rahim El Generoso

El Aeropuerto Internacional Rahmán
El Aeropuerto Internacional Rahim

puedes escucharlos
aún ahora que avanzas sobre Bagdad
puedes escuchar sus voces

Rahmán El Compasivo
Rahim El Generoso

Rahmán Rahim
y Salam

Salam
Paz

uno de los atributos de Dios

tu penitencia
John Whyte John Barakah
nunca se te ocurrió

te tratarán en forma compasiva
acá del otro lado

que el pueblo de Irak
podía querer llamar su tierra
con los nombres de Salam
con los múltiples nombres de la Paz?

tu penitencia
whyte blanco barakah

les va a tomar
a ti y a los que te mandaron
una eternidad
y otra eternidad
y otra más
les ha de tomar muchas eternidades

aprender cómo se dice la palabra paz

Hammurabi, el príncipe exaltado que hizo grande el nombre de Babilonia, tiene palabras desde el otro lado de la muerte para Donald Rumsfeld

Me muerdo la lengua y trato de no maldecirte
Me muerdo la lengua y trato de no desearte
lo que hiciste conmigo y los míos

mi voz que ordenaba que leyes
fueran grabadas para que todos las vieran y escucharan
huérfanos y viudas

> no, no, no le impongas esa maldición me dicen
> le dicen a Hammurabi el Rey protector
> quienes me acompañan en la verde oscuridad de la muerte
> eso no es lo que hacemos desde la verde oscuridad verde
> de la muerte

mi código
incluso los esclavos tenían derechos
incluso las mujeres expulsadas por sus maridos
hijos adoptivos prostitutas y pacientes
incluso los bueyes en los campos
constructores rapabarbas marineros
todos ellos tenían derechos
incluso los bueyes en los campos

mis palabras que han sobrevivido cuatro mil años
invasiones depredaciones despojo saqueo
persas mongoles otomanos árabes británicos
las primeras palabras escritas
    de la historia
para que todos sepan y vean

Hammurabi escudo de la tierra
que ahora yacen
        quebradas en ruinas hecho polvo
las muchas palabras de Mesopotamia

Podrías haber detenido esto
Rumsfeld Señor de los Saqueadores
Señor del Amanecer Negro

las estatuillas de pájaros y diosas
aplastadas por martillos cercenadas por cuchillos
los pergaminos pintados por estas manos
que me rodean en la madre oscuridad
todo todo se ha ido
sólo mis palabras escritas en piedra
todavía me acompañan aquí en este otro lado

        no debemos maldecir me dicen
        no es lo que hacemos aquí dicen

        en la vida después de la oscuridad de la vida
        enseñamos me dicen
        esperamos me dicen
        arropados en el verde suave
        de la maternidad oscura

y sin embargo y sin embargo
Rumsfeld Rumsfeld
que no defendió ni las palabras ni la viuda
si no te maldigo, ¿quién lo hará?

¿el tirano que ha huido como si ya hubiese muerto?
¿el tirano que rompió mi código?
¿el pueblo de mi tierra que no puede hablar

por temor al nuevo ocupante del trono?
¿el pueblo lejano de tu tierra natal
amordazado por la ignorancia y el recelo
que te reza como si fueras su protector?

Soy Hammurabi
pastor de los oprimidos y los esclavos.
Yo soy la buena sombra que se extiende sobre la ciudad.

¿Quién más queda para hablar?
Si alguien roba la propiedad de un templo, será ejecutado.

Si alguien roba al hijo menor de otro, será ejecutado.

Si alguien rompe un agujero en una casa, será ejecutado.

No no no me dicen
no creemos en la muerte
no un ojo por ojo dicen

Si se produce un incendio en una casa y el que viene a apagarlo pone su mirada sobre la propiedad del dueño de la casa, será arrojado a ese mismo fuego.

Será arrojado a ese mismo fuego.

No no no me ruegan
no un diente por un diente dicen

Leerá mis inscripciones y se presentará ante mí

no un diente por un diente dicen

que los años de tu gobierno se llenen de gemidos

años de escasez años de hambruna
oscuridad sin luz
que tu nombre y memoria se borren de la tierra

no a sus hijos me dicen
no lo digas me dicen

que Nintu la sublime señora de las tierras
la madre fecunda
te niegue un hijo
no te dé sucesor entre los hombres
el derramamiento de tu vida
como agua en la boca del desierto

nada más bajo que tú
el día convertido en noche

Si no es Hammurabi, ¿quién hablará?
Hammurabi el proveedor de alimentos y bebidas
que vistió de verde las lápidas de Malkat

Si no lo hago

que la abominación de Shamash te alcance
privado de agua entre los vivos
y de espíritu bajo la tierra
el día convertido en noche
arrojado a ese mismo fuego
que cayó sobre los niños y los libros

Si no maldigo al transgresor

Me muerdo la lengua y trato de no decir estas palabras
Me muerdo la lengua y trato de no decir las palabras

que han vivido durante cuatro mil años
y ahora están destrozadas entre los escombros
de la tierra que una vez fue Babilonia

Si no te maldigo

mi código y tu código
roto en las ruinas
tu gloria y mi gloria yéndose desapareciendo desaparecido todo todo

Si no te maldigo yo, ¿quién se atreverá?

William Blake tiene palabras desde el otro lado de la muerte para Laura Bush, amante de la literatura

in memoriam, Francesco Petrarca

me has leído
de eso estoy seguro

de eso estoy seguro
y me pregunto desde las ardientes orillas de la muerte
dudas y preguntas mías y de otros poetas
desde adentro y más allá de la muerte
dudas y preguntas en estos tiempos de guerra

más que nada y nadie mi Petrarca muerto
con su propia Laura para lamentar
su suave sonrisa *umile e piano*

ella también amaba la poesía
como Laura esta otra Laura

mi amigo Francesco conjurándome
que la contacte que le mande un mensaje
a esta Laura Laura
que use el inglés en que yo solía escribir
que use el inglés en que ahora habla
la garganta de Laura

pregúntale pregúntale

cómo se comparten los sonidos con que baila
la garganta de Laura
con el hombre que la desposó

los labios de George en esos labios de mujer
las manos de George en las manos ardientes
de su mujer

Laura Laura
¿te olvidaste de la poesía?

usaste nuestras palabras para tu esposo y guerrero
palabras y versos y sonetos
que alguna vez leíste
la voz mía en el lago de tu mirada
la voz nuestra en la mirada de tu mano
he de compararte a un día de verano
cómo pueden los poemas amparar su vuelo
verde que te quiero verde
polvo serán mas polvo enamorado
me gusta cuando callas porque estás como ausente
mi madre aulló de dolor y mi padre solloza
y yo salté hacia el mundo lleno de muerte
cómo pueden los poemas
ángel de luz ardiendo incendia los abismos
cómo olvidan los poemas

cuando el guerrero hace aullar a la madre
sollozar al padre
tigre tigre que ardes de luz
ardiente tigre de luz en el eufrates de la noche
tigris y eufrates ardientes de luz y fuego
el encendido fuego en que me quemo
verde viento verdes ramas

le recordaste a tu guerrero el día de verano profanado
y la novia la novia
sin su primavera mozuela
ni la dulce boca que a gustar convida

Laura le murmuraste que sí que sí
recibiste al hombre de guerra
en tu cauce de mujer
en tu silencio de sábanas
abriéndole algo más que tus labios
susurraste un no sé qué que quedas balbuciendo
lo comparaste a un día de verano
recogiste la breve flor que cuando nace muere
s'io credesse per morte essere sacro

cómo no imprecar las mil naves
el río escarnecido
el carro funerario de la novia
la hija que ardió en los bosques
en los bosques de arena de la noche

en el fuego verde que arde de luz en la piel de la noche
y las calles las calles venid a ver la sangre por las

¿desesperaste del poder del verso?
¿quién hizo al Cordero te hizo a ti?
¿quién hizo al León me hizo a mí?

¿qué le murmuraste a ese hombre?
¿qué ciénaga de la lengua
la noche en que mandó el fuego
y la espada
ese hombre borracho de guerra
que aniquila las palabras del verano

sereno y claro
por las que reza nuestro canto?

ay Laura Laura

¿qué nos dirás qué excusas y plegarias
el día en que llegues a esta orilla
este otro lado de la muerte,
que no tuviste tiempo ni mundo
ni palabras ni tiempo ni mundo?

pedirás un soneto para Laura
pedirás unos versos para engañar
                                    a la mancillada eternidad

ay Laura Laura

fue tuya la cara la boca los labios fueron
que pudieron haber detenido
las mil naves de la noche
                                    ardiente y triste

Salvador Allende tiene palabras para Barack Obama desde el otro lado de la muerte

He sofocado estos susurros, Barack Obama, hasta ahora,
amortajé mi lengua en esta luz crepuscular y desvié la mirada
si palabras como lengua y mirada y mortaja y crepúsculo
tienen algún significado bajo esta cara sombría de la noche.
Ahora es el momento de que sepas lo que te espera aquí
una vez que te unas a nosotros en el vasto reino de los desaparecidos,
cuál será tu destierro y arrepentimiento si no aprendes
las lecciones que aprendí de la amargura de la derrota,
el presagio que te estoy mandando en cuanto falla tu liderazgo
y te agitas y olvidas por qué te convertiste en nuestra esperanza.

Había sofocado esta advertencia, joven Barack, hasta ahora.
¿Quién era yo, después de todo, para enviarte palabras de consejo?
Rodeado en esta oscuridad por los muchos que lo intentaron y
fracasaron,
que dieron sus vidas por cambiar el mundo para que pudieran
elevarse
los hombres perdidos en la sombra de la lucha, el niño que llora
en los albores de la vida, las mujeres y los ancianos que se
desperdiciaron,
y los trabajadores y campesinos y mineros, levantarse y echar a
caminar.
Estoy rodeado por este dolor de aquellos que no prevalecieron.
¿Quién soy yo, después de todo, para enviar a alguien un consejo?

Morí ese día de septiembre en La Moneda en Santiago.
Las bombas caían y los incendios rondaban y ardían
y me preocupaba el niño dentro del vientre de Beatriz,
mi hija tan querida, di orden de que abandonara el edificio en
llamas,

y sólo entonces empecé a ensayar en mi cabeza en medio del fuego
las últimas palabras que pronunciaría, mi adiós
al pueblo de Chile, mi adiós, y mi despedida a un mundo
que tendría que continuar sin mí, sin una palabra más
del hombre que creyó que podía traer justicia y paz
a su pueblo sin balas ni sangre, sin viudas y sus gemidos.

Ni una palabra más de esta boca muerta, excepto las pocas que ahora envío
y que puede que no lleguen a tiempo, Barack, tantas palabras van muriendo
antes de que alguien las escuche.
En aquel entonces, en 1973, en septiembre,
mientras las bombas caían y ardían, a medida que se acercaba el momento
en que los soldados montarían las escaleras y yo amartillaba el arma
para pagar con mi muerte para que otros pudieran luchar y recordar,
iba a morir para que otros pudieran caminar y ascender las Alamedas libres
y construir sin temor cobarde el mundo gozoso del mañana,
no mandé a los Estados Unidos ni un reproche de fuego, de odio,
¿por qué pensar en Richard Nixon que intentó destruir mi tierra,
o Gerald Ford que siguió adelante con ese feroz plan ilegal,
elegidos por su pueblo como lo había sido yo por el mío?
¿por qué malgastar mi último aliento en condenar a hombres como ellos,
cómo anticipar que un niño como tú, entonces apenas doce,
algún día sería líder del reino que me había perseguido hasta la muerte,
adivinar que enviaría palabras como éstas a un presidente de ese país?

Los muertos que me hacen compañía dicen que no sirve de nada,
no vale la pena.
Espartaco está cerca, Jeremías llena mis oídos de profecía,
Nat Turner se rebela una y otra vez en sus sueños, hermanos
cuyos nombres no conocerías, que nadie recuerda hoy,
hirviendo en la oscuridad del más allá, esperando contra la esperanza
como Túpac Amaru, destrozado por cuatro caballos porque se atrevió
a sublevarse contra los conquistadores que habían esclavizado a su pueblo,
todavía rugiendo su desafío a los ocho vientos, llamando a los vivientes
a que no caigan en la traición, todavía exigiendo que alguien repare el mundo,
Manuela Sáenz, Manuel Rodríguez, John Brown, Madero, Martí,
y nuestra Juana de Arco que sabe mucho de perfidia y piras,
tantas y tantos cuyos nombres apenas alguien recuerda,
Athanios Diakos que insiste que la tierra no dejará de mandarnos hierba,
todas las pequeñas Juanas y los Manueles pequeños, soldados del cambio,
no tendrán descanso hasta que los vivos atiendan la llamada de los lejanos
muertos que no se doblegaron, que rediman el futuro con su dolor.

Me dicen, desencantados contigo, que no te hable.
Le salió todo mal, dicen, ha perdido su canción.
Se quejan, se lamentan. Va demasiado y muy lento,
tiene demasiado miedo de pelear y embrollarse y llevar a cabo
un enfrentamiento final donde sus enemigos morderán el polvo.
Respondo como puedo, respondo como puedo y debo:

Es hora de que entiendan, él no busca hacer una revolución.
Déjenlo que se demore, ¿quién soy yo para apurarlo,
instarlo al abordaje, a que trace una línea amarga en la arena?
¿Quieren que termine como yo, con una tierra dividida?

Y, sin embargo, me equivoqué, me equivoqué,
al no criticarlo. Me dejé seducir por su canción.
Fui indulgente contigo, joven Barack, no expresé mis dudas.
Supuse que no necesitarías mis palabras del más allá,
que sabrías por tu cuenta hacer lo que yo no había hecho,
limpiar y purgar y sanar un mundo enloquecido por la codicia.

Antes de que desaparezcas, antes de que ya no puedas oír
mis palabras desde más allá de la muerte y desde las cenizas,
antes de que tu carrera termine en caída y derrota y retirada,
deja que este viejo corazón que pulsa con la tierra y las estrellas
y la urgencia de que ni un sólo hijo, ni uno, muera por falta de
amor,
déjame contarte
un póstumo secreto escondido
en el abismo de la desesperación.

Es cierto que es poderoso aquel que hace de un enemigo
un amigo, poderoso y sabio quien ofrece al enemigo una
escapatoria,
una puerta de entrada, una cama para dormir, una comida para
compartir.
Pero no sin luchar. No sin luchar.

Escúchame, Barack, escucha a este hombre que partió
demasiado pronto
y que nunca vio nacer a su nuevo nieto y perdió el rumbo.

Serás destruido. He visto hombres como ellos antes.
No se detendrán ante nada, lo quieren todo y más,
tus adversarios siempre quieren más.
¿No puedes ver, no puedes ver lo que están planeando?
Eres víctima de un golpe silencioso, de una invasión invisible
de cada último rincón, de cada última ley, de cada última altura.
Lo quieren todo, no les importa el dolor ajeno, ¿no entiendes?
Los he visto, sonrisas no sabrán detener su asalto.
Serás destruido, cayendo contigo todo lo que es bueno,
lo que las pequeñas Juanas y los pequeños Manueles
construyeron contra la oscuridad.
Son los mismos hombres que me derrotaron, lo quieren todo.
Lo volarán todo, van a descarrilar el tren, no les importa
el dolor ajeno.
Trajinan con el miedo, no distinguen el bien del mal.
Oh, no te dejes seducir por su canción.

Vienen por ti como vinieron por mí.
Puedo escuchar sus pasos acercándose.
Y cuando lleguen, estarás, sin saberlo, solo.

Escucha, escucha: si te van a derrotar, que no sea sin una lucha final.

Incluso podrías ganar.

Barack, sé fiel a tu nombre. Relámpago, el brillo de las espadas
antes de la batalla, Barack que significa bendito, bendición,
bendícete a ti mismo mientras te armas para una lucha final.

Barack, escucha: si te van a derrotar, si estás a punto de perder,
que no sea sin luchar, para que otros puedan venir después y
construir,
y quede una leyenda, una chispa para iniciar el próximo fuego,
para inspirar

y traer la palabra de un nuevo mundo esperando nacer,
lucha para que haya paz, lucha por lo que crees,
no dejes de pelear, amigo mío, no dejes a los muertos
sin consuelo y sin fe.

Confía en tu nombre. No estás solo. Arremete, si es necesario,
arremete y entra a la batalla, Barack Obama, amigo mío.

Para que cuando llegues a estas costas
y mires hacia atrás como yo, no te tengas que arrepentir.

¿O quieres enfrentarte, uno a uno, a los amantes y las madres
que no defendiste? ¿Pasar el resto de la eternidad, mirándoles
las caras, una por una, una tras otra, contándose las historias
del dolor que no aliviaste ni diste refugio ni reparación?
Una cara y otra cara, una víctima tras otra, no te darán descanso.

Levántate, Barack Obama, levántate mientras caes
y te pones a luchar.

Esta vez, incluso podríamos ganar.

Nunca digas que es demasiado tarde.

James Buchanan, presidente de los Estados Unidos entre 1856 y 1860, tiene palabras de aliento desde el otro lado de la muerte para Donald J. Trump en el día de su inauguración como nuevo mandatario

Hace casi un siglo y medio, excelentísimo señor, ¡que espero su advenimiento! Todos estos años, desde mi muerte en 1868, he examinado ávidamente cada ciclo electoral, con la esperanza de que por fin apareciera mi salvador, un hombre —¡ni modo que fuese una mujer!— que me desplazaría de la poca envidiable situación en que me encuentro: ser considerado el peor presidente en los anales de los Estados Unidos.

No merezco tan mala fama. Es presumible que los conocimientos suyos acerca de nuestro pasado sean restringidos, pero hasta Usted debe saber que se me ha culpado de que los estados del Sur de nuestra patria decidieron independizarse de la República en 1861, poco antes de que terminara mi período de gobierno. Injustamente tildado de ser responsable por la Guerra Civil entre el Norte y el Sur y por mis no tan encubiertas simpatías hacia los esclavistas, es un inmenso alivio para mí que la presidencia esté por fin en manos de alguien que, estoy seguro, ha de pasar a la historia como una persona que, como yo, dividió amargamente la nación y devastó los pilares de nuestra democracia.

Noto con alegría la probabilidad de que Usted me ha de sobrepasar en tal desventurada empresa. Si persiste en su campaña de violar la tierra y contaminarla, si allana el camino a los que niegan los cambios climáticos y facilita la polución de nuestros cielos, nos habrá de llevar a una conflagración que, a diferencia de la mía que ultimó a un mero millón de habitantes, logrará algo más letal para el planeta mismo: condenar a billones de seres humanos, tal vez a toda la especie, a una eventual extinción. Cuando los ciudadanos del futuro (si es que algunos logran sobrevivir) contrasten este terrorífico legado suyo con el mío, será inevitable que me vean como un modelo de virtud y sabiduría.

En cuanto a la calidad de vida de los norteamericanos, también en este rubro Su Excelencia tiene la oportunidad de causar más perjuicio que el que se me atribuye. Muchos padres y viudas maldijeron mi nombre al recibir la noticia de que sus seres queridos habían muerto en la guerra, pero muchos millones más van a maldecirlo a Usted cuando sus cuerpos sufran un irreversible deterioro debido al asalto que planea contra el actual sistema de salud norteamericano.

Respecto a la corrupción, también tengo expectativas de que me va a superar con creces. Mis ofensas (acusado de coimas, extorsión y abuso del poder por un comité investigador del Congreso) habrán de palidecer comparadas con lo que se le viene encima a su gobierno, colmado ya de sordidez y conflictos de intereses. Pero le imploro que ignore tales dilemas éticos y financieros. Yo pude evitar que me enjuiciaran y destituyeran y Usted tendrá un éxito parecido, en vista de su habilidad inverosímil para convencer a sus adherentes de que la veracidad de los hechos no tiene importancia alguna. Ojalá hubiera contado yo con sus talentos y quimeras, cómo me hubiera gustado que existieran en mi época la televisión y la internet. Podría haber culpado a México de nuestra Guerra Civil.

Hay dos asuntos adicionales al que quisiera que se dedique. El primero es el aborto. Fue durante mi presidencia que, en 1859, la AMA (Asociación Médica de América) indicó que se debía criminalizar a las mujeres que interrumpieran su embarazo, y tiene Usted la oportunidad para devolver nuestras leyes y costumbres a ese momento prístino en que los miembros del sexo débil sabían que sus cuerpos no les pertenecían a ellas, sino a los hombres que las poseían. El segundo asunto es Cuba. Fue mi intención comprar la isla a los españoles y, al fracasar ese negocio, estuve a favor de invadir esa colonia y anexarla. Le toca ahora a Usted finiquitar ese proyecto. Debe extender el alcance del Imperio a todo el Caribe y más allá, interviniendo en la vida de las naciones enemigas y hasta las aliadas. Ponga especial énfasis en dominar a China, puesto que yo cometí el error de inmiscuirme sólo en forma marginal en la Segunda Guerra del Opio. Estoy seguro que en esto también me habrá de aventajar, apenas lance su Primera Guerra de Tarifas Comerciales.

No estoy solo, Sr. Trump, al instarle a que siga sus instintos en forma empecinada y cumpla cada una de las promesas extravagantes anunciadas durante su campaña. Otros primeros magistrados fenecidos, que me han honrado al hacerme su portavoz, también están ilusionados ante su victoria. Richard Nixon desea que vuestros insultos y exabruptos hagan a la gente olvidar su propia lengua procaz y anticipa que Trumpgate sea tan colosal que Watergate termine siendo considerado una travesura insignificante. Y Herbert Hoover, mancillado por su incapacidad de reconocer las señales de que estaba a punto de estallar la Gran Depresión, confía en que usted mostrará aún más extravío y testarudez que él, de manera que cuando se precipite una catástrofe económica aún mayor, las acciones de Hoover serán juzgadas como menos desastrosas. Igualmente espera que Usted lo exceda en los ataques a los sindicatos y la deportación masiva de inmigrantes.

Otros presidentes que ocupan la esfera excelsa de mandatarios más populares, incluyendo a quienes fundaron esta república, me han reprochado que esté apelando a los más infames demonios de vuestra naturaleza. Estos estimables están preparando un mensaje colectivo aconsejando moderación, conjurándolo a que su habitual delirio de grandeza y culto a la personalidad no siga acrecentándose cuando ingrese a la Casa Blanca. Algunos de ellos idean recomendaciones específicas. Franklin Delano Roosevelt cree que, si le informa de que se arrepintió de haber internado en campos de concentración a conciudadanos de origen japonés durante la segunda guerra mundial, podría Usted reconsiderar sus intenciones de hacer algo similar con los musulmanes norteamericanos y extranjeros. Harry S. Truman, rondado por los fantasmas de Hiroshima y Nagasaki, quiere presionarlo para que elimine todo el arsenal nuclear y evite una carrera armamentista apocalíptica. Eisenhower piensa reiterar su advertencia de que no hay que fortalecer la alianza de militares con industriales que él denunció como el peligro más grande para este país, sin darse cuenta el pobre de que quienes representan esos poderes ya son, en efecto, los que desvergonzadamente dominan vuestro gabinete. Y el señor Lincoln, cuyo partido Usted ha secuestrado hasta el punto de que es irreconocible, cree que, si pudiera forzarlo a escuchar sus consejos desde el más allá, tal vez se salve de nuevo la República.

No me cabe duda de que no le hará caso ni al viejo Abraham ni a los otros altruistas impertinentes.

Después de todo, si le mando estas palabras de aliento es porque Usted mismo me ha inspirado con sus dichos y hazañas. Me ha enseñado que definitivamente es mejor afianzar la imagen propia en la Lotería de la Popularidad Presidencial que sacrificarse por el bien del país —o del planeta, para no ir más lejos.

Y así, me despido hasta la noche en que Usted se junte a todos los ex presidentes fallecidos, cuando tendré el inmenso placer de conducirlo al punto más bajo del basural de la muerte, el sitio donde hasta ahora he debido permanecer durante más de ciento cincuenta años.

¡Qué maravilla poder finalmente ningunear y menospreciar a alguien que ha dañado a los Estados Unidos en formas que yo no hubiera podido imaginar en mis sueños más desolados y salvajes!

Sinceramente agradecido por rescatarme del abismo al que se me ha relegado como el peor de los peores, me declaro, señor, vuestro humilde servidor,

—James Buchanan, decimoquinto presidente de los Estados Unidos

Dante Alighieri tiene palabras para Donald J. Trump desde el otro lado de la muerte

Como autor de este libro, hace tiempo que me obsesionaba la idea de mandar a Donald Trump al infierno. No se trata de algo figurativo, un modo de decir. Deseaba fervientemente que habitara un infierno literal, aquel lugar táctil y palpable donde sufren quienes causaron un grave daño a sus semejantes. Sí, enviarlo a ese sitio perpetuo que las religiones han representado durante milenios mediante escenas de azufre y espantosos gritos de dolor.

Mientras más abusaba Trump de su poder en este mundo y mientras más eludía consecuencia alguna por sus crímenes, más crecía mi obsesión de evocar, aunque fuera en forma imaginaria, una realidad alternativa en la que él pagase sus pecados.

Fue natural que al buscar modos de visualizar el trato que podría merecer ese hombre vil, recurriera a la obra de Dante Alighieri (1265-1321), el poeta italiano cuya Divina Commedia *plasma esmeradamente con su* terza rima *un panorama minucioso del más allá en tres volúmenes —*Infierno, Purgatorio y Paraíso*— que han sido considerados, con razón, entre los logros literarios mayores de la humanidad.*

No había nada abstracto en el Infierno que ese autor medieval compuso. Dante elaboró un viaje sumamente personal al mundo de ultratumba para reunirse con hombres y mujeres, tanto de su tiempo como de tiempos pasados, a los que recompensaba por su virtud o castigaba eternamente por sus ofensas. Aunque su ascenso a través de fuegos purgatoriales y maravillas paradisíacas, guiado por Beatriz, la mujer de la que se había enamorado en su infancia, tiene un encanto especial, fue el descenso del escritor florentino a los círculos saturados del infierno lo que más ha fascinado a lectores a lo largo de los siglos.

Millones se han conmovido ante las historias que cuentan las almas condenadas, y cuyo remordimiento llega demasiado tarde para salvarlos de los tormentos inmisericordes ideados por Dante.

Siendo testigo de la realidad infernal que Trump ha impuesto en los Estados Unidos y en el planeta, no pude evitar preguntarme dónde Dante habría colocado a este satánico presidente en el orden sobrenatural que, según él, aguardaba a los humanos después de la muerte. Y no me costó mucho darme cuenta de algo angustiosamente evidente: Trump acumula tal diversidad de transgresiones que es posible encajarlo en casi todas las categorías y cantos que Dante inventó para los pecadores de su propia era.

¿Quién mejor, entonces, para adivinar el destino que le espera a Trump que ese poeta italiano y su voz lírica y profética?

He aquí sus palabras oraculares.

Mi nombre, señor, es Dante Alighieri. Entre los innumerables muertos que habitan estas orillas del más allá, he sido elegido para dirigirme a usted porque se necesitaba un experto en la otra vida para describir lo que le espera a vuestra alma cuando pase, como todas las almas deben pasar, a esta tierra de sombras. Era natural, entonces, que me escogieran a mí para imaginar su destino de ultratumba.

Después de aceptar esta tarea y cuando ya me había cansado de registrar la catástrofe incesante de sus fechorías, sentí la tentación de hacerme más fácil el trabajo y simplemente reiterar para usted los círculos del infierno que ya había descrito yo con mi *terza rima*. Era cosa de conducirlo por mi cascada de versículos, paso a paso, hacia las profundidades de las tinieblas que diseñé celosamente para los demás.

¿No era usted la encarnación egoísta de tantos pecados que he retratado en mi *Commedia?* ¡Lujuria y adulterio, sí! Gula, sí; codicia y avaricia, oh sí; ira y furia, sin duda; violencia y fraude, usura y deslealtad, ¡otra vez sí! Incluso es culpable de herejía, usted que no cree en Dios y sin embargo se aprovecha de la Biblia que nunca lee para engatusar a los cristianos de su país.

¿No practicó acaso todas esas iniquidades, esclavo de apetitos desalmados? ¿No merece sufrir los castigos que imaginé? Ser azotado por vientos irrespirables, ahogarse en tormentas de putrefacción, asfixiarse bajo aguas bullentes de beligerancia, hallarse inmerso en mareas de sangre hirviente de ira, atravesar sediento una llanura ardiente, impregnarse de los excrementos de la adulación y la seducción? ¿No es justo que los demonios nocturnos de la corrupción lo desgarren, que esa garganta y lengua suyas que destrozaron a tantos ciudadanos sean mutiladas, que se hinche de enfermedades como otros traficantes e impostores? ¿No tendría sentido que lo dejara atrapado en hielo y fuego, masticado sin cesar por las mandíbulas de la eternidad, el porvenir que evoqué en mi propio siglo para aquellos que traicionaron a sus amigos y a su patria?

Finalmente rechacé una solución tan cómoda. Después de todo, fui seleccionado no para repetirme, sino porque se confiaba desde las alturas de que sería lo suficientemente creativo como para encontrar un escarmiento apropiado para usted —algo, dijeron las autoridades a cargo de este lugar, menos salvaje y feroz, más educativo, incluso terapéutico. ¡Así han cambiado los tiempos desde que compuse ese poema mío!

Mi misión, al parecer, no era insertarlo, señor, en los anillos de un infierno vengativo y aterrador previamente concebido por mí, sino buscar inspiración en los compañeros que pueblan este universo de ultratumba. Y, en efecto, allí estaban sus víctimas, aquellos cuyo dolor nunca compartió usted, y que ahora se preparan para confrontarlo. Han estado esperando, pacientemente, en una larga fila, desde el momento en que llegaron. Los tengo aquí, a mi lado, contando los días hasta que le toque a usted también el turno de morir y puedan encararlo, uno por uno, a través de toda la eternidad.

Se han ganado ese triste derecho gracias a lo que usted les hizo. Aquí están: ese padre que murió de una pandemia cuyos efectos usted empeoró; un niño ultimado con un arma que usted no prohibió; un trabajador anegado por humos tóxicos que vuestro gobierno no limitó; los manifestantes asesinados por supremacistas blancos inflamados por la retórica trumpiana; un hombre de raza negra que expiró gracias a la violencia policial que su señoría se niega a condenar; un migrante que sucumbió al calor del desierto al otro lado del muro que sus adalides quisieron construir con dinero robado de sus conciudadanos.

Un caso y otro y otro más, podría ir nombrando a tantos muertos injustificados, muertos indebidos, muertos evitables, espectros animados por el empeño tenaz de que se haga justicia. Olvidados y menospreciados por el vendaval de la historia, con el único consuelo de que algún día podrán exigirle a usted una rendición de cuentas. Tendrán, eso sí, que armarse de paciencia, ya que de acuerdo con mi plan, a cada víctima suya se le debe ofrecer cuanto tiempo necesite para relatar su trayectoria terrenal, sus últimos momentos. Se verá obligado, señor, a escuchar esas historias una y otra vez hasta que finalmente aprenda a hacer suyo aquel dolor, hasta que las tragedias de esa gente se alojen con lentitud en las entrañas de su mente.

Su primera reacción será sin duda tranquilizarse, declarando que esta nueva emergencia desparecerá por arte de magia, el mismo tipo de fantasía que desplegó ante la pandemia, proclamando que sería despachada sin problemas, milagrosamente. Luego tratará de recurrir a sus viejos trucos de estafador supremo. Creerá que, tal como ha sobornado y mentido para escapar de los escándalos y quiebras, de la misma manera podrá también sacarse de encima este ajuste de cuentas. Ahí va a echar al viento una sarta de bravuconadas machistas advirtiendo que usted es invencible e invulnerable, presentándose como un Salvador o Supermán, jactándose de haber inventado una vacuna contra las sentencias judiciales, un remedio para los terrores del infierno.

Y cuando esas artimañas no funcionen y abra los ojos, señor, y aún se encuentre acá entre nosotros, entonces va a rasgar vestiduras, anunciando que se ha arrepentido, creyendo que así podrá escabullirse de este confinamiento, estas habitaciones interminables. Pero esa estratagema exasperada tampoco le va a servir aquí, en la morada transparente de la muerte. Y cuando se dé cuenta de que este encuentro con sus víctimas inmediatas es sólo el comienzo del proceso, tratará de apurar el asunto, porque mientras más tiempo tarde en descargarse de hombres, mujeres y niños a los que condenó a una temprana mortalidad, más tiempo habrá para que nuevas víctimas aparezcan, aquellos que van a perecer en el futuro debido a su negligencia y malignidad, gracias a la brutalidad y el odio que usted desencadenó con sus milicias y sus policías despiadados, todos los habitantes de la tierra que van a extinguirse cuando la venganza de un planeta violado se manifieste en olas de calor, en huracanes y sequías, hambrunas e inundaciones, legiones de muertos que van a sumarse a la lista inacabable de los ya damnificados con cada minuto que se desliza.

Ese es el abismo moral en que mi imaginación lo va a sumergir ahora que ya no soy el hombre que vivió un amargo exilio de su amada Florencia. Los siglos que pasé al otro lado de la muerte evidentemente me han suavizado, me han vuelto más caritativo. Beatriz, el amor de mi vida, habría admirado mi transformación, que abre la eventualidad de que un hombre como usted reciba la semblanza de una absolución, siempre, por cierto, que su arrepentimiento sea de veras sincero.

Aun así, me consume el gusano de una duda. Esta estrategia de redención, me dicen, ha sido probada antes. Las nieblas del tiempo están llenas de hombres que, como en el caso suyo, pensaban que eran dioses y que, tras su muerte, fueron llevados aullando a habitaciones desbordantes de las vidas que quebraron. Y estos criminales —Mussolini, Mao, Pinochet, Napoleón, Franco, Andrew Jackson, Saddam Hussein, Stalin, Idi Amin (¡oh, la lista es inagotable!) nunca lograron abandonar el espejo retorcido de sus propias habitaciones penitenciales.

Permanecen ahí, estancados, irremediables. Eso es lo que algunos demonios me están susurrando al oído, me dicen que la profecía redentora de Dante Alighieri nunca se hará realidad para alguien como Donald Trump. Tal vez, haciéndose eco de esos otros malhechores malditos, rechazará también toda responsabilidad. Tal vez resulte tan incorregible y defectuoso y obcecadamente ciego como los canallas de antaño. Tal vez haya una maldad en usted y en el universo que nunca podrá acabarse. Tal vez cuando el dolor es infinito, es imposible borrarlo.

Me temo, entonces, que pueda ser cruel prometer un desenlace enaltecedor a aquellos que esperan que se haga justicia en el más allá. ¿Por qué, me pregunto, alentar a los muertos si es sólo para frustrar sus ilusiones?

Y sin embargo, ¿qué más puedo hacer sino completar la tarea que se me ha dado? De todos los poetas, fui elegido a raíz de que la *Divina Commedia* me permitió descender al infierno y subir al monte del purgatorio y presenciar cómo lucían el sol y las estrellas del paraíso. Fui extraído de los campos de los muertos para disponer estas palabras como una advertencia o una súplica o una acusación tempestuosa, una misión que acepté y a la que ahora no puedo renunciar.

Sólo me queda concluir estas palabras mías respondiendo a la única objeción con que legítimamente podría impugnar lo que profetizo acerca de vuestro destino después de muerto. Imagino que me va a gritar —*Pero Dante Alighieri,* oigo su voz, *has pintado un futuro, Dante, en que tendré que pasar una eternidad haciendo penitencia.* Y yo voy a responder: —Sí, Donald Trump, de hecho le tomará una eternidad, pero eso es lo que le espera, eso es lo que, mal que mal, todos nosotros tenemos por delante, un paciente tiempo infinito.

DOS

POLVO ENAMORADO

"polvo serán, mas polvo enamorado"
Francisco de Quevedo, *Amor constante más allá de la muerte*

Mumtaz

Soy Shah Jahan, el que fue rey del Universo, conquistador de Kandahar y constructor de los jardines de Shalimar, soy y una vez fui Shah Jahan y ahora me estoy muriendo, muero mientras la miro, la corona que era Mumtaz.

Describirla es un pecado.

Rechazar las palabras con que la evoco es un pecado aún mayor. Una palabra, entonces: *haya*, esa palabra en el *Korán*, que quiere decir vida, estar viva.

Tenía ella más vida que tiene cualquier pájaro ahora, y ahora, ahora también, incluso cuando miro la luz creciente de su tumba, más viva que todas las aves que he visto en mis setenta y seis años, que las aves que acuden al aire por encima y entre y por debajo y de nuevo por encima de sus cuatro torres, más viva de lo que jamás lo estaré, como nunca lo he estado, cambiando con cada rayo de sol y cubierta de nubes y de anochecidas y amaneceres, eterna en cada momento, eterna y serena.

Hubiera preferido perder mi reino que haber perdido la posibilidad de ver, siquiera por un instante, a mi amor perdido.

Soy Shah Jahan, hijo de Jahangir y padre, por desgracia, de Aurangzeb, dominador del mundo, y a mis expensas, sexto emperador de esta dinastía Mughal, soy y una vez fui Shah Jahan, el rey que perdió su reino y que, sin embargo, tiene un solo lamento.

Durante veintidós años, observé la profecía de piedras que montaban, una tras otra. Lo primero que veía por la mañana cuando me levantaba, lo último por la noche cuando me iba a dormir —como ahora, como ahora mientras me voy muriendo en los brazos de Jahanara, una hija al menos, una niña que compartió el vientre de Mumtaz, una al menos que no olvidó a este anciano.

Piedra sobre piedra, una tras otra, es lo que miraba cada día, prefiriendo esa visión que ser visitado en mis sueños por la madre de mis catorce hijos. Dulce tenerla de nuevo y la misma sonrisa con la que me saludó la primera vez: yo tenía quince años y ella un año menos. Prometidos el uno al otro durante cinco años, cinco años me dijo, deberíamos esperar cinco años para que ella pudiera dejar de ser Arjumand Banu e irse convirtiendo en mi Mumtaz, cinco años para que los próximos veinte fueran años de eternidad, para que no hubiera nadie más que ella. Dulce, tan dulce y sabia, soñar con ella y con su cuerpo en el sueño, pero amargo como una noche sin luna, despertar y no encontrarla a mi lado. Con este consuelo recurrente: desde mi cama presenciaba la respiración del mármol blanco de su mausoleo que brillaba al montar y montar. Día tras día dedicados a mirar ese milagro, demasiados días gastados en su memorial y su memoria y recuerdos de ella. Cada joya seleccionada personalmente por mí, ese fue mi homenaje. Cada arco de jali aprobado personalmente por mí, un juramento. Cada rollo de escritura persa leído personalmente por mí, una promesa. Rodéala de pórticos de luz, los cuatro ríos del paraíso. Para que ella permanezca conmigo durante la vida que me queda, para que pueda estar aquí en este momento en que muero, aquí y allá mientras siento cómo la oscuridad se filtra en mí, de manera que ella me esté esperando, despidiéndose y también esperando al otro lado, cuando me una a ella, excelsa residente del paraíso.

Soy Shah Jahan y pronto entraré en el Salón de Banquetes de la Eternidad.

Oh Noble, Oh Magnífico, Oh Majestuoso, Oh Único, Oh Eterno, Oh Glorioso, ¿me negarás la vista de ella una vez más?

Nunca despertaré para ver otra vez piedra sobre piedra al otro lado del río y de la llanura de Agra, nunca más despertaré en esta habitación en el Fuerte Rojo sobre esta colina en Agra, nunca más examinaré a través del marco de esta ventana —todas las demás habitaciones me las prohibe mi hijo— el mineral de Bujara y la turquesa del Tíbet, el jaspe y la malaquita verde que los ebanistas incrustaron, las celosías florecientes tan blancas como su alma, decían los poetas, aunque mintieron como los poetas siempre mienten, ya que nada era, es ni puede ser tan blanco como su alma. Inclina los minaretes hacia allá, le dije a Ustad Ahmad Lahori, inclínalos ligeramente hacia afuera. De modo que si caen (como debo caer y morir y declinar, también yo, Shah Jahan, una vez Rey del Universo), de modo que si fallan y caen, no caerán sobre ella, mi Mumtaz. Que únicamente la miel caiga sobre ella. Que sólo la leche y la miel caigan sobre ella desde el cielo. Que las piedras transformen toda la luz en leche y toda la lluvia en miel. Que las estrellas compitan con la luna, todas envidiosas de los delirios de mi Mumtaz en la noche. Desecha la piedra que no es perfecta, que no absorbe y refleja y desdeña y subsume lo brillante. Rechaza la losa que no encaja, asegúrate de que el fuego suave de ese color sea tan rosado como blanco, para que el sol pernocte con ella y la mantenga caliente incluso adentro del invierno de sus huesos y mis huesos, ahora que no podía frotar sus pies cuando se enfriaban, asegúrate de que cada última cincelada sea impecable para que tenga compañía mientras me espera, los noventa y nueve nombres de Dios para guiarla mientras espero.

Hubiera preferido perder mi reino que haber perdido la posibilidad de ver, siquiera por un instante, mi amor perdido.

Es cierto. Pero ella me habría dicho que tuviera cuidado. Que no descuidara los asuntos de estado mientras vigilaba el edificio, día a día, de la tarde a la noche, sin preocuparme de nubes o lluvia o veranos implacables. Es lo que ella habría susurrado. Si ella hubiera estado cerca.

Miré a los hombres que trabajaban día tras día, primavera y otoño, durante veintidós años vi las piedras elevarse sin fisuras ni contratiempos, y luego los jardines, miré de frente a mi Mumtaz y dejé de fijarme en los impuestos, excepto para exigir más y siempre más para su sarcófago y tumba, dejé de interesarme en las guerras, excepto para librar las que me traerían más mármol translúcido de Jaipur, más artesanos de Baluchistán y artesanos de Persia, traté de no escuchar disputas y peticiones, las reyertas de un poder mezquino. Sólo tenía ojos para el mosaico de mi amor. Reverencié cada amuleto brillante de roca y cada rizo y curva de la caligrafía, le pedí a Alá, que Su Nombre sea bendito, que me conceda tiempo suficiente para completar su tumba y la mía, para que ella fuera una inspiración para todos aquellos jóvenes que aún no han descubierto el amor y todos los viejos que todavía esperan amar más allá de esta vida.

No tenía ojos para ver lo que ocurría a mis espaldas.

Detrás de mí, mientras observaba a los obreros y albañiles en la noche, detrás de mí, él estaba hablando con los generales, conspiraba con los cortesanos contra su padre y sus hermanos, detrás de mí consultaba a los imanes, Aurangzeb, cuyo nombre no voy a maldecir.

Ese hijo vino desde dentro de ella.

No me dignaré siquiera a condenarlo, el hijo que hizo lo que había que hacer, lo que sus hermanos nunca habrían hecho y que por lo tanto no gobernarán sobre una pulgada del Imperio, me hizo lo que había que hacerle a un padre tan enamorado de los muertos que olvidó a los vivos.

No entiende, no entendió, nunca entenderá lo que significa estar enamorado, esa palabra amor, esa palabra *haya* del *Korán*, esa palabra vida, con su boca donde la lengua ronda como un cadáver, no entiende nada. No entiende nada, y este es su castigo.

No entiendes nada, Aurangzeb, aunque hayas pasado nueve meses dentro del templo de tu madre, un lugar más hermoso que Samarcanda, más luminoso que la tumba de Timor. Esto es todo lo que sabías: que tu padre no tenía ojos para ver lo que pasaba a mis espaldas, esto lo entendió mientras se arrodillaba y torcía su alma hacia La Meca. Tan poco que sus oraciones le enseñaron: insinuar, cuando se levantó de inclinarse ante Dios, al principio simplemente insinuar, luego sugerir entre dientes apretados, luego algo más que un murmullo, y finalmente hacer que la saliva de sus pensamientos estallara en una palabra.

La palabra no era la palabra vida, esa no la entiende, nunca sabrá lo que significa *haya.*

Sacrilegio, esa palabra. Su palabra favorita. ¿Por una mujer? ¿Hacer todo esto por una mujer? Haram para nuestra religión, una traición. Idolatría. El hombre mortal no puede representar la figura humana. Sólo Dios, que sea bendito, sólo Dios puede hacer esto con la arcilla de nuestra carne. Y mi padre, dijo Aurangzeb, primero pensó Aurangzeb y luego lo dijo, mi padre, Shah Jahan, está haciendo algo peor que la blasfemia, convirtiendo a una mera figura humana —una mujer, una mera mujer, incluso si era mi madre— convirtiéndola en una diosa. Aurangzeb, su hijo y el mío, reuniendo ejércitos para derrotar a sus hermanos, reuniendo carceleros para encarcelar a su padre, ejercitando sus ancas para montar el Trono del Pavo Real.

No lo vi.

No lo escuché.

No supe lo que tramaba a mis espaldas.

Ella no estaba allí, mi Mumtaz, para proporcionarme ojos.

Puedo decir una y otra vez que ella está más viva que yo, con más vida que los pájaros amaneciendo el cielo, pero ella no estaba a mi lado, mi Mumtaz.

Ella no estaba aquí, mi Mumtaz, mi corona, para proporcionarme oídos.

Puedo decir que está más viva que nunca, pero no me susurró, no dijo cuidado, cuidado, Jahan, ten cuidado.

Estaba muerta.

¿Cómo puedo decir esto, me atrevo mientras muero en este mes de Rajab a declarar esto, que ella está muerta?

No podía recibir ella noticias de los eunucos, no estaba allí. No estaba allí para mirar hacia el patio y leer esos labios, ver a nuestro hijo caminando alrededor de la fuente, su cabeza altiva mientras bajaba los ojos, esperando asaltar el trono apenas yo enfermara.

Ella no estaba aquí, mi amada, para decirme qué hacer, a quién temer, a quién castigar, en quién confiar, cómo detenerlo.

Reposaba en el santuario que yo construía para ella y para mí. Ella no podía ser mis ojos ni darme oídos, no podía ser mis manos y mis piernas, no podía ser piel de mi piel.

Sin ella, era ciego y sordo.

Le di la espalda a los asuntos del mundo hasta que cada piedra estuviera en su lugar, cada coyuntura de cada piedra con cada piedra como su cuerpo y el mío, cada piedra haciendo el amor con la piedra de arriba y la piedra de abajo y la piedra que miraba al oeste y la piedra que miraba al sur, desatendí el reino hasta que la cúpula diseñada por Ismail Afandi hubiera subido hacia el cielo. Conquisté provincias y recaudé impuestos y emití edictos, oh, fingí gobernar, planifiqué y construí el Jardín de los Viñedos, diseñé la Mezquita de Perla y la piedra arenisca roja de la Mezquita Wazir Khan en Lahore, me reuní en Bagdad con el Sultán Murad el Cuarto, pero sólo para poder robar a su principal arquitecto otomano, visité mi residencia de verano en Cachemira, pero todo lo que vi en la fuente magnífica de Srinagar fue el agua de mi Mumtaz, olía el jazmín y sólo la olía a ella, seleccionaba las violetas y las rosas y eran ella, siempre ella, instándome a retornar a la construcción y asegurarme de que nada faltara en ese lugar que iba a ser su lugar de descanso final, como los lugares de descanso que construí mientras ella estaba viva para que los viajeros no se fatigasen, como los hospitales que me hizo levantar para que los enfermos fueran atendidos, para que otras mujeres no vieran su sangre fluir desde la fuente y el centro de su vida tal como la sangre fluyó desde su interior mientras ella moría, ¿Me atrevo a decretar que es verdad, que ella realmente murió?

Estaba de espaldas al mundo y mis ojos existían sólo para el recuerdo de Mumtaz.

Mientras Aurangzeb preparaba mi prisión y su palacio, su palacio y sus ancas para un largo reinado.

¿Lamento algo?

Sólo que ella no esté conmigo ahora.

¿Lamento lo que hice? Lo haría todo de nuevo, cada primer y último minuto de todo lo que hice. Esto lo dice Shah Jahan, una vez Señor del Universo, Shahanshah Al-Sultan al-'Azam wal Khagan al-Mukarram, digo esto, mientras me voy muriendo lentamente en los brazos de mi hija, la niña que mi esposa me nació para que pudiera cuidar a este hombre, como el sol cuida las piedras de nuestra tumba, para que no estemos nunca solos.

Aunque siempre estaré solo.

Hasta que cruzo el río de la muerte y la encuentro.

Esto lo dice Shah Jahan, esto lo digo, el que una vez fue y ya no es Señor del Universo, Shahanshah–e-Sultanat Ul Hindiya wal Mugahliya, nieto del gran Akbar e hijo de Jahangir, me atrevo a decir, yo que fui el quinto Emperador de los Mughal, me atrevo a decir que estoy solo ahora que mis ojos están cerrados y no puedo verla allí, al otro lado del río Yamuna y la llanura de Agra, me atrevo a decir que como todos los hombres en esta tierra debo morir solo.

Ah, pero detrás de mí.

Detrás de mí, vean, detrás de nosotros, ella y yo, miren, vengan y miren, detrás de nosotros dejamos atrás para que otros puedan entender, para que los amantes jóvenes y viejos mañana y más allá de mañana, dejamos atrás un refugio donde todos los deslices pasados y los ojos abatidos serán lavados, dejamos atrás para que puedan tratar de entender, dejamos atrás, Mumtaz y yo, vengan y miren y traten de entender, dejamos frente a nosotros y detrás de nosotros el consuelo del Taj Mahal.

La promesa de las cenizas

Él había dicho que la amaría más allá de la muerte, pero ella no le creyó.

"Sabía que no era cierto", sus cenizas le dijeron a ella o a lo que quedaba de ella o tal vez ella era la que, un poco triste y dispersa, susurraba las palabras al residuo y tamiz de su vida mientras iba siendo vertida cuidadosamente en un jarro donde los restos de su marido —de acuerdo con el testamento y deseos de ambos— habían estado esperando desde hace diez años. "Pero parte de mí", dijo el polvo en el que estaba a punto de finalmente transfigurarse, "quería que fuera verdad".

Y entonces alguien en la tierra, alguien de carne y hueso, tal vez un pariente, tal vez un amigo, tal vez sólo un empleado ansioso por tomarse un café, alguien que ella ya no recordaba cerró el jarro y se instaló una oscuridad total.

No tuvo tiempo de tener miedo.

Desde algún lugar cercano, sintió (pero ¿cómo podría sentir algo si estaba muerta?), sintió una mano en su mano (pero su mano había sido quemada y hecho cenizas y raspada más allá de cualquier posible reconocimiento), sintió una mano en su mano y piel tan incineradas y tocándole los verticilos de sus huellas dactilares, permítanme repetir lo que sintió e insistir en que fue una mano que se acercó a la suya desde lo que parecía el desenlace definitivo. Y entonces otra mano comenzó a ablandarse hacia lo que una vez había sido el rostro de ella y ya no existía, lo extrajo borrosamente de la nada y de la memoria, permítanme insistir en que los dedos que una vez había conocido y entrelazado y para los cuales había cocinado se encontraban ahora respirando música hacia sus labios y recordándole su melena cómo un viento tranquilo que alguna vez meció aquella cabellera. Y una pierna se frotaba inconfundiblemente contra su pierna y ella podía olerlo de nuevo en la noche y él era como un viento, al igual que ella, soplando desde dentro de la eternidad, y ella supo cómo sus hombros y espalda y pechos llenos sabían a medida que comenzaban a crecer, ella supo, como los pájaros de sus ojos lo supieron cuando comenzaron a dispersarse hacia la luz, ella supo que no estaba sola, se estaban abrazando, se abrazaban y ella tuvo la certeza de que él no había mentido, ya no le cupo duda de que yo estaba diciendo la verdad cuando le prometí que la amaría más allá de la muerte.

Falla

Así es como sucedió
Así es como se formó el Universo

Empezando de forma tan sencilla

como escribir un correo electrónico a un hijo
lejano

Fue como escribir un correo electrónico a mi hijo
en Carolina del Norte
desde San Pedro de Atacama
este oasis en medio del desierto
más seco del mundo

El Atacama en lo que aún no se llamaba Chile

Hace 11,000 años los nativos
cultivaban hortalizas
extraían cobre
enterraban a las mujeres sentadas
momias secas en el desierto más seco
del mundo
mucho antes de que llegaran los conquistadores

Han transcurrido menos de quinientos años
desde que galopaban por estos verdes campos
Pedro de Valdivia pasó por acá
rumbo al sur en busca de oro
soñando con el hielo de la Antártida
y las doce ciudades de El Dorado
Sí, por aquí pasó una noche

Vio las estrellas que yo veo

Le habría tardado dos años
enviar una carta a España
y obtener una respuesta
dos años antes de que recibiera una respuesta

Le escribo a mi hijo en un teclado español
donde todo está retorcido
sin tecla sin número sin botón de control
donde espero que esté
trabajando para no cometer errores

Queriendo saber si el bebé está bien
¿Está bien el bebé?

Y entonces las luces se apagan

Exactamente a las seis cada noche
las luces se apagan
                    en San Pedro de Atacama
No hay para qué preocuparse, dice el dueño
del cibercafé
desde las sombras sale su voz
                    Estas computadoras
dice funcionan con una batería
Y en efecto mi pantalla se mantiene
                    resplandeciente
en la semioscuridad
apenas lo suficiente para ver las teclas
Así que sigo en ello
tropezando con los dedos ciegos en la penumbra
sin ojos que me guíen

a la tecla correcta la palabra correcta
¿Está bien el bebé?
Galimatías y errores
parpadean intensamente en la pantalla y . . .
signos crípticos sin sentido parloteos balbucidos
faramallas de luz
No hay para qué preocuparse, dice el dueño
mientras trato e intento de nuevo y otra vez
La energía volverá, dice
Pronto pronto sólo están
cambiando a un motor más grande para la noche

Y enseguida unos minutos más tarde
unas pocas palabras enmarañadas más tarde
la luz vuelve a encenderse
un boom de radio
gritos de alegría gritos de alivio
Tal vez de ira   un par de amantes
atrapados en el resplandor de la repentina plaza afuera
atrapados contra la pared de adobe de la iglesia afuera
aferrándose el uno al otro
bajo los Andes desprotegidos

La electricidad surge en cada rincón del pueblo

Fuerte fuerte

Tan fuerte el estallido
que mi computadora se oscurece
la pantalla se vuelve negra desvaneciéndose perdida
Perdí la carta a mi hijo
ni siquiera desapareciendo en el ciberespacio
simplemente tragada

La batería no pudo aguantar el golpe
                                        el propietario dice
a veces es esta pantalla a veces esa pantalla
Así es la cosa en San Pedro de Atacama
Te devolveremos lo que pagaste

Pero antes de recomponer la carta
¿Cómo está el bebé?
¿Cómo te va?
Te echamos de menos
sin susurrarle una palabra
                                    acerca de la computadora
aullando su silencio
                                    en la locura del desierto

Antes y entonces

Así es como sucedió

Dios Algo Alguien Alguna Fuerza
estaba escribiendo y las cosas andaban
bien, más o menos bien
en el centro de la oscuridad
y enseguida se apagaron las luces y enseguida los dedos
y enseguida sombras y errores
teclas siempre donde se supone que no deben estar
Dios o Cualquier medio resplandor escribió el Universo
Y luego con una explosión
                                    Eso fue todo
Así es la cosa en San Pedro
Todos nacimos
Algo nació en aquel entonces
Intentando en vano 15 mil millones

de años más tarde
darle algún sentido al mensaje

Mientras que en el Universo de al lado
el cartero entregó una carta a tiempo
Y todo fue perfecto
Y no había Hitler
Y ni un solo niño
ni uno ni uno
murió de cáncer
Heme aquí estoy aquí estamos
atrapados en esta gloria nuestra
en este fallido viaje
tratando de escribir cartas
a nuestros hijos y sus hijos
antes de que se apaguen las luces
una vez más
y otra vez
y otra vez más.

Diez minutos

Me siento aquí en el patio detrás de nuestra casa en Durham
aquí en Carolina del Norte, lejos del país natal, lejos de Chile,
mirando el gran árbol, el gran pino que está muerto
y necesita ser talado.
Ayer el hombre dijo que vendría hoy
                                        sin falta
en algún momento entre las 5 y las 6 de la tarde dijo
y dije que sí, que estaría aquí, que venga,
y es así que me encuentro esperando al hombre del árbol,
miro y observo el bosque que rodea nuestra casa
mientras espero que pase por acá el hombre del árbol
el hombre que va a venir a tumbar ese árbol muerto.

El sol se está poniendo, bajando por el horizonte detrás de mí,
bajando por la corteza oscura clara del árbol la luz se desliza
durante diez minutos minuto a minuto claro y oscuro.

Ha crecido en este suelo desde antes de que esta casa fuera construida
antes de que yo naciera.
¿Puede tener la edad, vieja, vieja, de mi padre?
Noventa y cuatro años, eso ha vivido mi papá.
Mi papá que vive solo en Buenos Aires desde que murió mi madre.
Lo llamaré esta noche.

Hay autos que pasan por la calle cercana.
Mis ojos no se hacen cargo de su movimiento.
Están fijos en el árbol que no han venido todavía a derribar.
Un pájaro solitario, silencioso, vuela sobre mi cabeza.
Otro pájaro parlotea, regañando, se queja, lo sigue.
Sólo una vez fluye una brisa
                              por las hojas tan verdes de otros árboles

se va demorando antes de llegar a mí mientras observo el árbol
que ha muerto
pero de alguna manera aún se mantiene tan erguido, tan lleno de
cielo.
Puedo escuchar un avión allá arriba y el cielo es una tiza pálida
de azul
claro tan claro y sin embargo sin que se vea un avión, ningún avión
cuando levanto la cabeza y miro el cielo vacío y sin promesas.
Sólo el sonido.
Y pájaros, pájaros de repente. Ni uno aterriza en el árbol, ni uno.
¿Lo saben? ¿Se dan cuenta?

Son ya las seis y el hombre no ha venido.
Nada ha pasado. Nadie ha llamado a la puerta.
Ni siquiera sonó el teléfono.

Tendré que esperar, supongo, a que venga el hombre,
el hombre con su sierra, que venga y mire arriba, hacia el árbol
y me diga cuándo lo va a derribar.
Supongo que tendré que esperar.

Es tan silencioso que casi puedo escuchar cómo el mundo gira.
Casi.

Supongo que tendré que esperar.

Adiós a la montañas

Para John Berger, este poema que escribí dos semanas antes de su muerte, sin saber que estaba muy enfermo.

Ven a las montañas, dijiste,
pero nunca vine, nunca fui a verte.
Me quedé en las ciudades
sentado en mi escritorio crepuscular de sueños
albergado en mis libros y su abundancia
cautivado en demasía por los premios y las peticiones
y por los habitantes de la alabanza vacía
para encontrar el tiempo para responder, John,
a esa invitación con mi cuerpo,
que tu espalda sea fuerte para la cosecha,
ven a ver a los hombres labrar y arar
la puerca tierra para la escasa medida
de papas y trigo que no serán para sus bodas,
robadas las papas, robado el trigo y cultivos
por mercaderes e inspectores de impuestos
y por las fatigas del tiempo y las colinas,
ven a verlos
con la esperanza entre los dientes
ven antes de que sea demasiado tarde y no habrá
nada
        para ver ni cosechar
                                        llorar,
antes que estos hombres y las mujeres
que ordeñaban las vacas hasta que estaban secas
y movían las moscas de sus ojos enmudecidos,
ven acá antes de que desaparezcan adentro de las ciudades
donde los pasarás por calles y ventanas
y no sabrás dónde nacieron,

de dónde huyeron y cómo sangraron
o quién o quiénes o a quién amaban
                                        dentro y fuera de la muerte,
ven, amigo mío, aquí nos vemos,
antes de que sea demasiado tarde,
demasiado tarde para ellos y demasiado tarde para ti.

Pero nunca vine, John, nunca fui
a verte a las montañas.

TRES

UN GRANO DE TRIGO EN EL SILENCIO

"Como un grano de trigo en el silencio,
pero a quién pedir piedad por un grano de trigo?"

Pablo Neruda, *Residencia en la tierra*

Indulto

Me despierto de nuevo.

La tarjeta en la que está escrito mi nombre y mis fechas, fecha de nacimiento, fecha de detención, presunta fecha de muerte, esa frágil tarjeta ha sido entregada a alguien que ingresa al Museo, eso es todo lo que sé, se supone que sea suficiente orientación.

Tales son las reglas de este universo, no se me informa si se trata de un hombre o una mujer quien lee la información, incluso podría ser un niño, claro que es posible, que concurrió a este lugar para aprender sobre la Memoria, reflexionar sobre las víctimas de esa catástrofe que le interesa, meditar para que el pasado no se repita. Como si el pasado no se repitiera sin cesar para algunos, como si eso pudiera alguna vez evitarse.

Esta no es la primera oportunidad que alguien lee mis datos y me devuelve a una existencia transitoria, ya antes he vivido durante el temblor del tiempo que toma para que cualquier visitante al que le ha tocado sujetar mi nombre en sus manos mientras serpentea por el Museo para que, al final de su paseo, me borre, retorne mi tarjeta y, por lo tanto, mis pensamientos al anonimato de la caja a la salida del edificio donde mi nombre y fechas, cada vez más gastados, reposarán hasta que sean recuperados una vez más, si de hecho se me vuelve a recuperar otra vez más y no se me adormece junto a otras tarjetas, desaliñadas y deshilachadas, a punto de ser incineradas para dar paso a alguien más que espera ser rescatado de la niebla de la historia.

Así que debo saborear el breve espasmo de esta restitución mientras pueda, mientras él o ella que agarra la tarjeta y mira mi nombre y pronuncia, generalmente con cierta dificultad, las extrañas sílabas del lugar donde fui asesinado, debería yo estar agradecido por esta circunstancia, consciente de que a tantos no se les permite siquiera estos minutos de resurrección en los labios imperfectos, vacilantes, de una visita al Museo, no olvido a todos los habitantes de la oscuridad, los que, sin nombre, hierven y suspiran en el abismo de donde provine, millones de ellos perdidos en la noche de un archivo interminable, nunca llamados, como ha sido mi suerte, para que se recuerde quién fui alguna vez, los despojos de lo que soy.

No ha sido un viaje fácil.

La primera vez que recobré mi conciencia, tan pronto como me extrajeron de las profundidades de un sueño sin sueños destinado a ser eterno, la primera vez que mi nombre fue leído por algún extraño en este Museo cavernoso lo que inmediatamente me mordió como un perro salvaje fue la escena de mi desenlace, esas súplicas finales, maldiciones, segundos desesperados justo antes de que esos hombres —esos hombres, sus ojos y sus manos, eso es lo que surgió hasta la superficie de mis recuerdos. Sólo natural, me diría a mí mismo más tarde, que la violencia definitiva que había soportado inundara mi mente al ser inesperadamente sacudida hacia la vigilia, sin espacio para preguntarme cómo era posible un tal milagro.

Esa pregunta fue planteada y resuelta durante mi segundo despertar. Logré espiar, ya sea por fortuna mía o diseño ajeno —es algo que todavía no puedo descifrar— al curador de esta exposición conversando con la directora del Museo mientras se felicitaban por el éxito de la iniciativa. Fue entonces cuando entendí que formaba parte de un Experimento de Memoria, mi nombre había sido descubierto por algún investigador oscuro que me cosechó, junto con un selecto número de semejantes, de las cloacas negras del olvido donde yacía cada uno de nosotros, es decir, los tres datos desnudos que nos identificaban, enseguida inscritos en un pedacito de cartón a fin de ser asignados, al azar, a cada visitante. Una forma de experimentar, por muy fugazmente que fuera, lo que implica la pérdida de un ser humano.

Ése era el plan: darle una cara individual a la vasta tragedia colectiva, para que los huéspedes, como los llamó la directora, no quedaran abrumados con estadísticas que no pueden encarnar el dolor de cada vida apagada como una vela que nunca se volverá a encender.

¿Nunca se volverá a encender? preguntó el curador. ¿Nunca? No es cierto, dijo, musitando palabras que resonaban como pasos que se acercaban y luego retrocedían lejos de mí, demostraremos, dijo el curador, que no es cierto. Podemos volver a encender la luz, dijo, dejar que una llama parpadee y arda durante la duración de cada visita, al menos durante esos momentos y quién sabe si más allá. Es probable que ese curador no tenía el más mínimo indicio, ese guardián de mi nombre y fechas, de que su plan era capaz de inducir un amanecer de discernimiento dentro de aquellos muertos elegidos, dentro de alguien como yo. ¿O era eso también parte de su proyecto, dispone de alguna forma oculta de acceder a los pensamientos de aquellos resucitados? No, no, eso no puede ser, él no puede ser tan consciente, por mucho que haya forjado esta oportunidad para mí, no puede saber que los nominados para esta operación de rescate acechan en los abismos del infinito esperando ser recordados, que cada tarjeta se trasformaría en un portal, un agujero en el espacio y el tiempo a través del cual entramos y salimos como una marea de flujos y reflujos, no puede saber que una vez que se nos ha concedido este respiro afligido, estamos atrapados aquí, no podemos rechazar los recuerdos que nos sitian. ¿Cómo podría ella adivinar lo que se me obliga a ver y presenciar tan pronto manosean mi tarjeta corroída?

Inicialmente, es cierto, sólo me inundó el jadeo terminal de la vida, el terror de morir otra vez más, pero luego, en las recurrencias posteriores, logré sofocar mi sorpresa y repulsión, y gradualmente tomé el control de mis emociones, me dije que ésta era una oportunidad para ir más allá del asesinato en el que pensé que estaría congelado para siempre, ése había sido mi último pensamiento cuando morí, esto es todo, no hay más que este momento, en este momento frío estaré sumido para siempre jamás, esas fueron las últimas palabras que caían a mansalva por los ríos de mi cerebro que se extinguían en la medida de que mi corazón se detenía. Y, sin embargo, heme aquí, no hay tiempo que perder, debería recuperar cualquier segmento menos letal que pudiera del único pasado que se me brinda. La sonrisa de mi madre cuando probé los pasteles que había horneado para celebrar mi primer día en la escuela, ese beso secreto y solitario debajo de un árbol que seguro era un sauce porque había un arroyo cerca prometiendo otros besos, otros cuerpos que se juntaban en algún otro atardecer que nunca llegó, y aventurándose de nuevo hacia la infancia, mi recuerdo inaugural. Meto con timidez un pie en un mar que es inmenso y auspicioso y si no flaqueo ni me caigo es porque una mano sostiene la mía, miro hacia arriba y es de mi hermana y ella asiente con la cabeza tranquilizadora, no sabe entonces y no sabe ahora que no tendrá tarjeta, no ha sido bendecida ni siquiera con unos minutos de alivio de la oscuridad, como mi otra hermana que tampoco tiene tarjeta, como mis dos hermanos y mi padre y mi madre a los que observé mientras les hacían lo que les hicieron y, así es, así es, no puedo evitar esas memorias, no importa hacia qué recuerdo alegre puedo escapar, siempre me emboscarán mis momentos finales, tan similares a los de ellos, me alcanzan, y ahogan todo lo demás como la salvaje resolución de la ola cuando me precipitó al mar esa mañana y mi hermana me levantó riendo, diciéndome que el océano es salado porque tiene muchas lágrimas y no debemos sumar a ellas las nuestras.

Debería haber muerto ese día, debería haberme dejado morir ese día, lo habría hecho si hubiera sabido lo que deparaba el futuro, mi hermana podría haberse ahogado conmigo, nos habríamos hundido en las honduras juntos, abrazados como algas marinas, si ella y yo, si nosotros —Pero no, éste es mi milagro y no debo despreciarlo, soy el único de la familia, el más joven de todos, el único elegido para este experimento, no hay suficientes investigadores para descubrir todos los nombres, no hay suficientes visitantes en esta ciudad, en este país, en este mundo, para leer tantas tarjetas, a mí me sacaron del pozo, es mi destino despertar y recordar y luego ser reciclado para comenzar este proceso de nuevo.

Siempre que se me otorgue otra oportunidad.

Siempre que ésta no sea la última vez que renazca desde las cenizas, esa es la duda ulterior que se cuece a fuego lento en mí ahora que termina la visita: ¿puede haber sido tan efímero, por qué mi anfitrión fugaz no pasó más horas en el Museo, por qué no se demoró, o ella, tal vez fue ella, la madre de alguien, por qué no se dilató y se puso a pronunciar una vez más como un conjuro las fechas y mi nombre y el nombre aún más impronunciable del lugar donde me mataron? ¿por qué mis forasteros siempre deambulan por las exposiciones aferrándose de la tarjeta nerviosamente, sin saber cómo dónde qué hacer efectivamente con ella cuando todo debería estar tan claro? ¿Por qué no se acomodan en un rincón tranquilo y se sientan como lo haría uno en una banqueta en un cementerio desprovisto de flores y plegarias, por qué no intentan hablarme, hacerme preguntas mientras miran lentamente una vez más la tarjeta cada vez más arrugada que es la puerta de entrada a esta voz mía que apenas sabe susurrarse a sí misma el temor de que esta pueda ser la última ocasión, por qué no se dan cuenta de qué secretos aún necesitan ser desenterrados antes de que mi presencia se desvanezca, para su bien y el mío, mi futuro y el de ellos, no están también destinados a desaparecer algún día, por qué, entonces, ahora se aproximan a la salida donde se avecina la caja en la que se les ha instruido que han de depositar mi tarjeta cada vez más demacrada? ¿por qué mis visitantes siempre obedecen esas instrucciones tan ciegamente y están tan ansiosos por irse, tan ansiosos por respirar el aire fresco de la calle afuera y regresar a sus comidas calientes y entretenimiento frío, por qué esos extraños no me llevaron a casa con ellos, llevarse a casa los recuerdos de la hermana que no pudo protegerme a pesar de su amor, siento,? puedo sentir que me esfumo, ¿por qué no lo hicieron, al menos uno de ellos, por qué alguien, en ese lejano e inmisericorde entonces antes de que me ejecutaran, en ese entonces y ahora, ahora mientras digo adiós al único yo en que encontré residencia en esta tierra, por qué me estoy diluyendo en esta instancia en que mi tarjeta cae congelada para siempre en el pozo de esta caja? ¿por qué lo hacen? ¿por qué están, por qué estás a punto de olvidarme?

Carta de amor a Sarajevo después de mil y un días y noches de asedio

Si esto fuera un cuento de hadas
Si esto fuera la noche
después
de las mil y una noches
Si esto fuera la noche
que sigue
a las mil y una noches
Si esto fuera un cuento de hadas
y Scheherazade acababa de terminar
de contar su última historia
y el hombre que puede ordenar su muerte
se había dado por vencido
Si esto fuera un cuento de hadas
Scheherazade no tendría que inventar
una historia más
una historia más
para que la noche pudiera terminar
en un amanecer más
para ella
y esas otras mujeres
esperando su muerte
entre los escombros.

Si esto fuera un cuento de hadas, Sarajevo,
y nosotros Scheherazade
aquí afuera en este mundo
enviándote plegarias
como lo hemos hecho
por mil y una noches
para que llegara el amanecer

allá en Sarajevo
Si esto fuera un cuento de hadas
y nos habías enviado
como lo has hecho
una y otra vez
tus historias de Sarajevo de otro amanecer agrietado
tus susurros de Sarajevo de otra noche compartida
noche desnuda marcada de cicatrices
mientras nosotros rompíamos el asedio con historias
Y esto fuera un cuento de hadas
tú en Sarajevo
nosotros en Nueva York
tú en Sarajevo
nosotros en Santiago
Scheherazade en Sarajevo
Scheherazade en Nueva York
llamándonos unos a otros
durante mil y un amaneceres,
manteniéndonos vivos unos a otros
Si esto fuera un cuento de hadas,
entonces éste sería el día
este mismo, el día, el día,
la noche, el amanecer,
ahora es cuando deberías despertar allí
en Sarajevo
bajo ese cielo
que sólo vemos en nuestras pantallas
Si esto fuera un cuento de hadas
ahora mismo despertarías
ahora mismo digo
tienes que estar despertando
al son de la paz
y niños en la calle
jugando como niños

que despiertan sin miedo
        ahora mismo digo
Si esto fuera un cuento de hadas
        donde muchas novias despiertan
        y muchos hermanos esperan
Si esto fuera un cuento de hadas
        entonces entonces
        mil y una noches de traición
        mil y una noches de asedio
esperando la muerte
        habrían sido suficientes.
Sí. Permítanme que lo diga de nuevo.
Deberían haber sido suficientes.
¿Cómo puede ser
que en este mundo
                    mil y una noches
no son
no son
        nunca
                pueden
                    ser suficientes.

Pienso en Scheherazade ahora
        la pienso despertándose
        en el amanecer
        después de sus mil y una noches.
Miro cómo ella mira el amanecer.
Miro cómo ella escucha la vida frunce sus labios abre la boca
        Se prepara para un día más
        que podría ser el último.
Ella ya conoce la historia
aunque en este mundo
mil y una historias

no son
no son
nunca
pueden ser
suficientes
ella ya conoce la historia
ella nos dirá
otra vez
y otra vez
y otra vez más
esta noche
y mañana
y de nuevo
esta noche
esta historia que no es un cuento de hadas.

Los demás compañeros de la celda están dormidos

Tú entras a la única habitación
de la casa
y no prendes la luz
para no despertar
a los niños.

Te sacas la ropa en la oscuridad
y extiendes la mano bajo la frazada
hasta sentir el cuerpo tibio y dormido
de la más pequeña,
la que yo no conozco,
la que nació después.
Te quedas así, desnuda,
sin meterte a la cama,
con los ojos abiertos
casi tocando la respiración
de nuestros hijos.

Mañana tendrás que ir al juzgado
y te dirán que no,
mañana tendrás que buscar trabajo,
mañana tendrás que pedir fiado,
y siempre que no, que no,
que vuelva
mañana,
pero calladitos, no vamos a llorar
—no tengas miedo
puedes hacerlo
todo el mundo duerme—
porque la oscuridad está llena
de niños.

Despedida y amanecer

para las familias de Francisco Gomes de Medeiros,
Alfredo Villatoro y Regina Martínez, periodistas ejecutados

Aunque sea la última palabra que escriba, mi amor,
aunque sea la última palabra,
aunque sea la última, mi amor,
la última mía,
la última tuya,
la última que leas,
la última verdad
que sea y que leas,
la última que viva,
la última que escriba,
la última que viva y respire y escriba,
no voy a cejar, mi amor,
no vamos a dejar
que venza
la insanta muerte
y la feroz resaca de la maldad.

Esta es mi casa, tu santa tierra,
la única que nos queda
como defensa,
mi palabra como única ofensa
contra la guerra,
aunque sea la última que escriba, mi amor,
la última, la última, la última palabra
que sea, por pequeña que se vea, por lejana que se lea,
contra la insanta muerte insana,
sólo queda esta verdad
como única defensa de tu pobre tierra humana,

esta palabra,
aunque sea la última
aunque sea la última palabra,
aunque sea la última que escriba, mi amor,
mi país, mi comarca, mi familia, mi comuna,
aunque sea la última ventura,
aunque sea la última, mi amor,
aunque sea
aunque sea
aunque sea
la última ventana
en nuestra casa que se quema.

Abecedario

1

Pero cómo contar su historia
si yo no estuve

Cuando esos dos se encontraban
lejos
en una esquina desconocida
no tenían cómo saber si era
un primer encuentro
o una despedida.
No tenían cómo saber quién los miraba
desde el hueco y abismo
de una ventana.
Registrando cada movimiento
cada movimiento de sus labios.

Yo los miraba desde otro país
y no puedo contar su historia.
Yo los llamaba desde otro país
y el teléfono siempre marcaba
ocupado.

2

Muéstrenme una palabra.
Una sola palabra que pueda utilizar.
Muéstrenme un verbo.
Un adjetivo limpio como un rayo.
Escucha bien el fondo de cada frase,

el desván y el polvo en los muebles
de cada frase
                    pon atento el oído,
escucha y mira debajo de la cama
de cada frase
escucha y mira los soldados
esperando su turno
al pie del lecho
de la amada.

Conservar una sola palabra.
¿Cuál vendría a ser?
Como una pregunta en un concurso:
Si pudieras llevar contigo sólo una palabra
al futuro,
¿cuál vendría a ser?

Encuéntrala.
Éntrale a los escombros.
Mete tu mano muy adentro de la sombra sucia.
Cierra tu puño y aprieta el fragmento de un espejo
fracturado por los pies que bailan durante la noche
que nunca fue tu noche de bodas.

Déjame que te diga algo.
Aun si hubiese estado ahí
no podría haber contado su historia.

3

Llamaba desde otro país
y el teléfono seguía ocupado.
Trataba de llamar a casa
y la máquina se había tragado
mi última moneda.

4

En cuanto a la historia que no puedo contar.
Ellos acumularon ternura
como otros acumulan dinero.
Pídeselo.
Aunque el teléfono marque ocupado.
Aunque la máquina se haya tragado tu última moneda.
Aunque la operadora ahogue todas las otras voces.
Pídeles el verso que todavía van a necesitar
nuestros amantes

si hemos de bañarnos otra vez
otra vez más
en el mismo río.

Es hora de que hablen por sí mismos.

Para que la vida no tuviese sabor a cenizas[1]

1

No quiero pretender que fui un héroe
Al principio no tenía
ni papel ni un lápiz
con que expresarme

2

Pero no se puede vivir la vida con miedo
dejándose controlar
por gente poderosa
que quiere que vivamos con miedo y más miedo
sería mejor morir antes de tiempo

Hice lo que tenía que hacer
para que la vida no tuviese sabor a cenizas

Eso es lo que sabes

3

Las victorias vienen poco a poco
y de vez en cuando
y son escasas, escasas
Pero algo resplandece

---

[1]Este poema fue creado utilizando las palabras, frases y dichos literales de activistas de derechos humanos de todo el mundo reunidos por Kerry Kennedy en su libro, *Speak Truth to Power* (Umbrage), la base para una obra de teatro que escribí *Speak Truth to Power: Voices from Beyond the Dark*, (Voces Contra el Poder), que desde su estreno en el Kennedy Center en el año 2000, ha sido representada cientos de veces en todo el mundo, tanto por ciudadanos y estudiantes interesados en el tema como por algunos de nuestros actores y actrices más destacados internacionalmente.

una luz persiste
Hice lo que tenía que hacer
sabiendo esto, sabiendo esto
Los pobres del mundo están clamando

4

Esto es lo que sabes
Para que la vida no tuviese sabor a cenizas
Esto es lo que sabes
Los pobres del mundo están clamando
Los pobres del mundo están clamando
por escuelas y doctores, no generales ni armas
Hay que creer en lo que uno hace, eso es todo

5

Nunca estuve solo
Esto es lo que sé
Solamente otra persona puede darme esperanza
porque
Solamente otra persona puede quitarme
la esperanza
Hicimos lo que tuvimos que hacer, nada más que eso

para que la vida no tuviera sabor a cenizas

6

¿Se necesitó coraje?
Tozudez más bien se necesitó. Tozudez.
Como una cuerda de metal interior
La sensación de fuerza interior como una cuerda de metal
para que nuestro pasado no se convierta
en el futuro de los hijos que vendrán

7

Dios nos sacude el polvo y nos dice: Inténtalo otra vez.
Dios dice: Inténtalo otra vez.

Dios dice
Te toca vivir la vida una sola vez
solamente esta vez
Y entonces seguimos y seguimos
sabiendo esto, sabiendo esto
Si a la gente la llevamos a lo mejor y lo más profundo de su corazón
la gente sabrá responder
Esto es lo que sabemos
Nunca estuvimos solos

8

No quiero pretender que fui un héroe
Hice lo que tuve que hacer, nada más que eso.
Es así de simple.
Para que la vida no tuviera sabor a cenizas.
Esto es lo que sabes.

El trabajo recién comienza

9

Y así es como seguimos y seguimos
sabiendo esto   sabiendo esto
que este momento podría ser
                         el último
esperando, esperando
esperando la verdad en aquella oscuridad

¿Saben algo?
Nunca estuvimos verdaderamente solos

10

Esto es lo que sabemos
Hicimos lo que tuvimos que hacer
El trabajo recién comienza

Testamento

Cuando te digan
que no estoy preso,
no les creas.
Tendrán que reconocerlo
algún día.
Cuando te digan
que me soltaron,
no les creas.
Tendrán que reconocer
que es mentira
algún día.
Cuando te digan
que traicioné al partido,
no les creas.
Tendrán que reconocer
que fui leal
algún día.
Cuando te digan
que estoy en Francia,
no les creas.
No les creas cuando te muestren
mi carnet falso,
no les creas.
No les creas cuando te muestren
la foto de mi cuerpo,
no les creas.
No les creas cuando te digan
que la luna es la luna,
si te dicen que la luna es luna,
que ésta es mi voz en una grabadora,
que ésta es mi firma en un papel,

si dicen que un árbol es un árbol,
no les creas,
no les creas
nada de lo que digan
nada de lo que te juren
nada de lo que te muestren,
no les creas.
Y cuando finalmente
llegue ese día
cuando te pidan que pases
a reconocer el cadáver
y ahí me veas
y una voz te diga
lo matamos
se nos escapó en la tortura
está muerto,
cuanto te digan
que estoy
enteramente absolutamente definitivamente
muerto,
                no les creas,
                no les creas,
                no les creas,
                no les creas.

Algo así como un epílogo con ayuda de Francisco de Quevedo

"Amor Constante Más Allá De La Muerte"

Cerrar podrá mis ojos la postrera
Sombra que llevare el blanco día,
Y podrá desatar esta alma mía
Hora, a su afán ansioso lisonjera;

Mas no, de esotra parte, en la ribera,
Dejará la memoria, en donde ardía:
Nadar sabe mi llama el agua fría,
Y perder el respeto a ley severa.

Alma, a quien todo un dios prisión ha sido,
Venas, que humor a tanto fuego han dado,
Médulas, que han gloriosamente ardido:

Su cuerpo dejará, no su cuidado;
Serán ceniza, mas tendrá sentido;
Polvo serán, mas polvo enamorado.

Francisco de Quevedo

Hace algunos años, fui uno de cien hombres a los que Amnistía Internacional se acercó para pedirle que seleccionara un poema que me hiciera llorar para incluirlo en la antología One Hundred Poems that Make Grown Men Cry, *un libro al que siguió otro que destacaba las preferencias de cien mujeres.*

El soneto que elegí fue escrito por Francisco de Quevedo allá por el siglo XVII. Expresaba perfectamente el amor que sentía, más allá de la muerte, por mi esposa Angélica. He regresado de tiempo en tiempo a estos versos, y lo hice con algo cercano a la ferocidad estos últimos años cuando la plaga ha hecho estragos entre tantos habitantes del planeta, con tanta muerte repentina y dolorosa, tantas separaciones entre amantes y familias y amigos. Un modo de sentir compasión hacia las multitudes de nuestros hermanos y hermanas que están sufriendo esta pandemia y que comparten con Angélica y conmigo la necesidad del consuelo de un poema que declara que la muerte no logra vencer las cenizas del amor. Finalmente, para acompañar esta búsqueda, compuse mis propias palabras desde el más allá, "Réquiem para sus cenizas", *con que cierro este libro.*

Réquiem para sus cenizas

Le había dicho él que sus cenizas estarían enamoradas de ella, así de duradera y eterna era su devoción, pero ella nunca pensó que pudiera ser verdad.

Palabras, ella había respondido, riendo pero también un poco triste, eres tan hábil con las palabras, ay si las palabras hicieran milagros, si la muerte no lo conquistara todo. Contentémonos, eso es lo que ella había dicho, con cada momento de amor que podamos ir exprimiendo del aquí y del ahora, acércate, quiéreme aquí, ella había dicho, quiéreme ahora, ella dijo, olvida las cenizas que ofreces, tus cenizas enamoradas, olvida el infinito que está más allá de la tumba que prometes y besa estos labios míos, tontito, mi amoroso, chupa todo lo que puedas chupar de mi cuerpo, porque eso es todo lo que hay, no hay más. Nuestra carne ya se está despidiendo, envejecemos con cada segundo que pasa, y debemos darnos prisa antes de que tengamos que partir, como tus palabras ya se fueron, desapareciendo como cenizas al viento.

A pesar de sus advertencias y la dulzura que siempre le brindaba a continuación, él había persistido de vez en cuando con su promesa de que la estaría esperando si moría primero o la buscaría más allá de la orilla de la muerte si ella se iba antes de que él lo hiciera. A lo largo de sus vidas había resucitado esas palabras cada vez que la ocasión se lo permitía, habían terminado siendo como un accesorio al que recurría, como un bastón que un anciano usa para cruzar la carretera cuando sus piernas fatigadas no dan para más. Y ella había dejado de burlarse de él, toleraba aquella repetición siempre y cuando no se replicara con demasiada frecuencia. En efecto, se dio cuenta de que él necesitaba expresar ese compromiso y creerlo, aunque fuera a medias, desplegarlo como un consuelo contra la certeza de que ambos estaban destinados a morir algún día y quedarse solos, sin estrellas en la noche permanente de la extinción.

Incluso le había sonreído a través de la mampara de vidrio que la incomunicaba de él y del mundo, había logrado sonreír en esa sala de aislamiento porque no podía apretarle la mano ni invitarlo a chuparle cada célula de su cuerpo, ya no podía llenarse de él, el aquí estaba muriendo y el ahora también, inevitablemente separados porque era la única manera de que el virus que arrasaba su interior no lo contaminara a él, el hombre que había visitado lo que había dentro de ella durante tantas décadas y que, sin embargo, nunca había sabido del todo lo que de veras estaba transcurriendo dentro de su cabeza, como ahora tampoco, como ahora tampoco.

Y esa había sido la última vez que había jurado que serían cenizas enamoradas, la última vez que jugaron ese juego con palabras que iban y venían, un rito de pasaje más que una convicción, ese momento en que ella había sonreído ante su tontería poética, resultó ser la última vez que le había hablado de su amor constante más allá de la muerte, porque cuando regresó a la mañana siguiente, sus ojos estaban cerrados y sólo un ventilador la mantenía respirando, apenas arriba y abajo, ese pecho sobre el que había descansado su cabeza para que su latido pudiera deslizarse hacia y dentro de su latido, apenas capaz de ver algo a través de la partición de vidrio.

Sin sonrisas ya, en esos labios.

Durante los siguientes días y noches de vigilia, ella no pudo responder a ese voto de eternidad y él había acatado ese silencio, confundiendo la falta de una reacción externa de ella con la imposibilidad de que su amada escuchase lo que él podría decir.

Y entonces se le fue la vida, así como así, ya no en el ahora, ya nunca más en el aquí. Ella se había ido y él se negaba a consolarse con esa promesa de una infinidad de amor más allá de la muerte, era una mentira que no podía compensar su ausencia, la casa vacía y la cama vacía y la cocina vacía, ese agujero negro en su vida vacía. Ella tenía razón, las palabras no crean milagros y no podían traerla de vuelta, sus dedos nunca tocarían los suyos, nunca volverían a enredarse sus manos, aquella partición de vidrio había sido un preludio y un pronóstico de lo que les esperaba, una preparación de lo que ya venía para ella y vendría por él y, eventualmente, por cada cuerpo mortal bajo el sol.

Y se dijo a sí mismo que no era cierta su profecía, ni siquiera cuando esparció sus cenizas en su bosque favorito, ni siquiera en ese momento en que algunas se asentaron en el suelo y otras fueron empolvando las hojas y abrazaban los árboles y otras se dejaron llevar por una brisa que le recordaba cómo ella le acariciaba el cabello, ni siquiera entonces se atrevió a creer que esas cenizas lo estuvieran esperando, ni siquiera entonces querría pronunciar esas palabras que ella no podía escuchar. Se las había dicho junto a su cama, al otro lado de ese tabique de cristal, y a pesar del hecho innegable de que ella había sonreído, ahora no podía dudar de que, como ella había predicho, no eran más que palabras ahora que enfrentaba la imposibilidad de atravesar esa división inconsolable.

Así que fue con alivio y asombro que entendió, unos meses más tarde, cuando su propio cuerpo ardía en el crematorio, fue con gratitud que cada pequeño pájaro de cada célula en su cuerpo despertó a la verdad de lo que había pronosticado, que sin duda estaba muerto pero que las cenizas estaban vivas con su memoria, todavía estaba cayendo hacia ella, parte de un polvo cósmico, todavía la seguía visitando y lo haría después de que el sol explotara y el universo se oscureciera y enfriara, nada se perdía nunca, ni siquiera había necesidad de que sus cenizas y las de su amada se reunieran en el bosque donde ambos estaban dispersos, escuchó su cuerpo cantar mientras las llamas lo consumían, si no mueres con amor no has vivido, si no mueres de amor no has vivido, por los siglos de los siglos, para siempre jamás, amén.

Eso es lo que yo imagino que está pensando, mi esposo, mientras me ve morir en este hospital, con los ojos cerrados, pero mi mente menguante se encuentra aún lo suficientemente viva como para esperar que esto es lo que mi amor cree que me sucederá a mí, a él, a los dos.

Pronto lo sabré, lo sabremos todos.

Algunas palabras de agradecimiento desde este lado de la muerte

Por suerte que existe la palabra *gracias* con todos sus sonidos y contenidos, resonancias y ecos y etimologías para agradecer a quienes hicieron posible este libro. Sin su gracia y agrado no hubiera podido escribir estos poemas. Gratitud, entonces, y gratificación y nada de gratuito, para los que nombro aquí, a los que me han ayudado a mantener alejada la desgracia. Son tan amables para, incluso, de vez en cuando, encontrarme gracioso.

Así que gracias a Angélica, Rodrigo, Joaquín, Isabella, Catalina, Deena, Heather, Cece, Nathalie, Ryan, Ana María, Pedro, Pato, Marisa, Pela, Gary, Kayleigh, Emmy, Kirby, Sharon, Queno, Antonio, Nora, Elizabeth, Soledad, Guillermo, María Elena, José Miguel y Gina, Pancho y Paola, Max y Maartje, Bert y Hedda y todos mis muertos, Fanny y Adolfo y Julio y Harold y Eric, y Desmond, todos los que todavía me hablan desde el otro lado. Aprecio también el apoyo de mis agentes en España, Raquel de la Concha, Marilu Casquero y Beatriz Coll que, si bien no participaron en la génesis de este libro, han sido siempre fieles amigas y entusiastas de mi obra. Y la palabra gracias tampoco es suficiente para aquellos que ayudaron, muy concretamente, a dar vida a *Palabras desde el otro lado de la muerte.* Así que gracias a mi asistente, Suzan Senerchia y a los bibliotecarios de Duke. Y gracias a mis eternos amigos de *Página Doce,* Ernesto Tiffenberg y Hugo Soriani, Ángel Berlanga y mis editores Rafael Castañeda y Jorge Carrasco de la revista *Proceso* en México y José Andrés Rojo, Iker Sesidedos García y Javier Rodríguez de *El País* y Javier Valenzuela y Ramón Reboiras de *Tinta Libre* en Madrid, que acogieron mis palabras desde el otro lado de la muerte y desde este lado también. Finalmente, gracias a Nicolás Kanellos, mi editor y amigo, que creyó en este libro y convirtió esa creencia en trabajo, consejo y sustento, y otros en Arte Público Press como

Gabriela Baeza Ventura, que mostró tanto esmero en preparar esta edición, así como los aportes de Marina Tristán. También me complace contar con la colaboración y amistad de Mario Sampaolesi, Eduardo Álvarez Tuñón y Leopoldo Kulecsz de Ediciones del Zorzal en Buenos Aires y Chu Visor de Editorial Visor en Madrid.

Si hay resplandores en este libro es gracias a cada uno de ellos y, espero, de los lectores a quienes también, por cierto, reconozco como coautores necesarios de estos versos.